大学生心理健康手册

刘邦春 刘婕 陆峥 主编
赵娟 谭港 黄志勋 副主编

上海社会科学院出版社

图书在版编目（CIP）数据

大学生心理健康手册 / 刘邦春，刘婕，陆峥主编.— 上海：上海社会科学院出版社，2023
　ISBN 978-7-5520-4185-9

Ⅰ.①大… Ⅱ.①刘… ②刘… ③陆… Ⅲ.①大学生—心理健康—健康教育 Ⅳ.①G444

中国国家版本馆 CIP 数据核字（2023）第 130212 号

大学生心理健康手册

主　　编：刘邦春　刘　婕　陆　峥
责任编辑：赵秋蕙
封面设计：黄婧昉
出版发行：上海社会科学院出版社
　　　　　上海顺昌路 622 号　邮编 200025
　　　　　电话总机 021-63315947　销售热线 021-53063735
　　　　　http://www.sassp.cn　E-mail：sassp@sassp.cn
排　　版：南京展望文化发展有限公司
印　　刷：上海景条印刷有限公司
开　　本：890 毫米×1240 毫米　1/32
印　　张：8.375
字　　数：202 千
版　　次：2023 年 9 月第 1 版　2023 年 9 月第 1 次印刷

ISBN 978-7-5520-4185-9/G·1268　　　　　定价：50.00 元

版权所有　翻印必究

前言 FOREWORD

世界上最广阔的是海洋,比海洋更广阔的是天空,比天空更广阔的是一人的心理世界。心灵是人生的太阳,是动力的源泉,是美的使者。

大学,是人生逐步走向成熟的阶段。在这一成长的道路上,大学生们或许会碰到各种困难,遭遇挫折与迷惘,甚至伴随着忧伤或烦恼,为此,需要通过学习、掌握心理健康知识与技能,调节自己的情绪、增强自信,正确面对可能面临的心理困扰或矛盾,更好地适应大学生活。

加强大学生心理健康教育,培养他们具备良好的个性心理品质和社会适应能力、承受挫折能力和情绪调整能力,促进他们的心理素质与思想道德素质、科学文化素质、身体素质的全面协调发展,是加强和改进大学生思想教育工作的重要任务,是新时期培养高素质职业技术人才的迫切需要,是全面推进素质教育、促进大学生全面发展的重要举措,是高等院校培养高素质人才的重要环节和十分紧迫的任务。

人的心理活动是一个伴随着生命而自然存在的现象和过程。进入21世纪以来,现代社会对人的心理素质的要求越来越高。大学时期是一个人走向成熟的重要时期,是大学生世界观、人生观、价值观形成的关键时期。对于在校大学生来说，他们在成长过程中遇到的困难和矛盾、产生的困扰和冲突，会形成这样或那样的心理问题。而这些心理问题又往往同他们世界观、人生观、价值观的形成交织在一起。心理问题也是世界观、人生观、价值观问题在心理方面的反映。心理问题的解决，从根本上讲以树立正确的世界观、人生观、价值观为前提；反过来，心理问题的存在，也必然影响正确世界观、人生观和价值观的确立。因此，针对大学生开展心理健康教育，对加强和改进大学生思想教育工作具有重要意义。

本书根据教育部下发的《普通高等学校大学生心理健康教育工作实施纲要（试行）》的要求，结合高等教育理念，围绕高等院校"00后"在校学生的身心特点、生活环境、学习实际及常见的心理问题，本着"必需、实用"的原则，以案例为先导，运用心理学原理与方法，从帮助学生认识心理的局限性和影响健康的根源入手，以"培养心理健康自我维护能力"为主要目标，以"什么是心理健康、怎样才能增进心理健康"为主线，传授心理保健技能，提高学生的心理健康意识、心理素质及应对挫折和环境压力的能力，为学生终身发展奠定基础。

本书在编写中力求体现如下原则：

第一，秉承积极心理学思想，突出教育性和发展性。考虑到本书的读者主要是普通大学生，因此，我们在编写中遵循积极心理学的思想，无论是目标的设置，还是途径、策略的提出和实施，都始终强调大学生心理健康教育的教育性和发展性功能，重视学生健康心理素质的培养。

第二，相对淡化理论知识，突出实用性。大学生心理健康教育的目的不是单纯传播心理学理论知识，而是帮助大学生解决心理问题，指导其适应大学生活，促进其健康发展。因此，本书尽量避免专业化的心理学理论知识的陈述和分析,而是针对某一心理问题,突出实用性,如在策略训练中介绍操作性强的方法、技巧、策略,每个主题的呈现以学生身边的故事引入,辅以自我检测,创设生动的情境和活动设计以使学生积极参与。主题明确、内容精练、深入浅出、生活化的语言等都体现了本书注重实用的特点。

第三,强化学生主体,突出助人自助。大学生是大学心理健康教育的主体,大学生心理健康教育的效果主要取决于大学生主体性发挥的程度。因此,本书特别强调如何有效地调动学生的积极性和能动性,引导大学生在心理健康素质训练活动中学会自我认识、自我评价、自我调控、自我发展,达到助人自助的目的。

基于以上原则,本书精选出心理健康与生命成长、角色转变与环境适应、自我意识、情绪管理、人际关系、时间管理、学习心理、创新心理、人职匹配、恋爱心理、挫折应对、科学用网共12个主题。内容既涉及大学生中普遍存在的人际问题、挫折应对问题、网络心理问题、职业心态问题、学习适应问题等心理问题,又涉及生命意义的追问、创新精神的培养和科学时间管理等现实问题。这些内容有利于大学生积极适应生活,成长成才,也有利于大学生成功走向社会,对大学生追求幸福生活亦具有指导意义。

本书具有以下几个特点:

第一,针对大学生心理健康与成长的新特点,结合大学生心理健康教育的实际需要,在教材理念上主张唤醒教育,在内容上增加身边的故事与学生分享经验,体现教—学—做一体。

第二,积极心理学以关注普通人的正常生活为重点而迅速且广泛地为人们所接受。本书引入积极心理学元素,以积极心理学的视角诠释大学生的心理矛盾与困惑,培养学生公正、友善、协作、感恩等良好心理品质,引导学生以勤奋努力、乐观向上的心态生活,致力于促进大学生人格中积极优势的发掘发展,为高等院校心理健康教育注入了新的内涵。

第三,高校大学生是国家未来多条战线的生力军。针对高等教育人才培养目标,本书引入学习心理、职业规划等主题,希望传递给学生一个理念:无论是继续从事学术深造还是就业工作,一定要注重脚踏实地的素养和行动能力。

本书编写分工如下:刘邦春负责第一章、第六章,谭港负责第二章、第三章,黄志勋和赵娟负责第四章,刘婕负责第五章、第七章,陆峥负责第八章、第十二章,赵娟负责第九章、第十章,黄志勋和陆峥负责第十一章,温俊敏、刘永得、陆禹昊、李尚轩、张力元、吴宇涵、额尔德木图、陈越等同学校对,刘邦春、陆峥、赵娟统稿。

因限于作者水平,本书舛误之处难免,敬请读者批评指正。

刘邦春
2023 年春 于北京怀柔雁栖湖畔

目录 CONTENTS

前　言 …………………………………………………………… 1

第一章　健康人生，从心开始
——大学生心理健康与生命成长 ……………………… 1
一、大学生心理健康概述 ………………………………… 1
二、大学生心理发展的特点 ……………………………… 5
三、影响大学生心理健康的主要因素 …………………… 8
四、促进大学生心理健康的途径 ………………………… 11

第二章　转变角色，适应新环境
——大学生适应与心理健康 …………………………… 16
一、适者生存——适应概述 ……………………………… 16
二、水土不服——适应不良综合征 ……………………… 23
三、破茧成蝶——大学生适应不良的调适 ……………… 26

第三章　认识自己，悦纳自我
——大学生自我意识与心理健康 ……………………… 33
一、自知者明——自我意识概述 ………………………… 33

二、大学生自我意识发展的特点 …………………… 39
　　三、大学生自我意识的塑造 ………………………… 43

第四章　管理情绪,拥有积极心态
　　　　——大学生情绪管理与心理健康 ………………… 54
　　一、揭开面纱——情绪概述 ………………………… 54
　　二、拨开迷雾——走近大学生情绪现状 …………… 59
　　三、走出阴霾——科学管理消极情绪 ……………… 65
　　四、心花盛开阳光下——培养大学生积极情绪 …… 74

第五章　人际交往,搭建心桥
　　　　——大学生人际交往与心理健康 ………………… 81
　　一、是什么——群体对个体的社会心理影响 ……… 81
　　二、为什么——和谐人际关系与大学生心理健康 … 85
　　三、怎么做——如何建立良好的大学生人际关系 … 88

第六章　科学运筹,争做时间主人
　　　　——大学时间管理与心理健康 …………………… 98
　　一、惜时如金——时间管理概述 …………………… 98
　　二、隐形消耗——时间拖延症 …………………… 100
　　三、高效用时——合理时间管理的途径 ………… 108

第七章　学会学习,早日成才
　　　　——大学生学习与心理健康 …………………… 121
　　一、大学生学习概述 ……………………………… 121

二、大学生学习能力的培养 ················ 127
　　三、大学生常见学习心理问题及应对 ········ 134

第八章　创新有方，激发灵感
　　——大学生创造与心理健康 ················ 141
　　一、敢闯会创——创造心理学概述 ·········· 141
　　二、重学轻创——大学生创造教育的误区 ···· 145
　　三、突破桎梏——大学生创造力培养的途径 ·· 149

第九章　人职匹配，科学发展
　　——大学生职业生涯与心理健康 ············ 162
　　一、应变之学——职业生涯概述 ············ 162
　　二、何去何从——大学生职业生涯困扰 ······ 165
　　三、如其所是——大学生自我探索 ·········· 166
　　四、识时通变——人职匹配，动态发展 ······ 184

第十章　健康恋爱，玫瑰花开
　　——大学生爱情心理与心理健康 ············ 190
　　一、浓情蜜意——爱情心理概述 ············ 190
　　二、肝肠寸断——失恋 ···················· 197
　　三、花成蜜就——让恋爱更幸福的秘诀 ······ 203

第十一章　直面挫折，逆风飞翔
　　——大学生挫折应对与心理健康 ············ 215
　　一、在挫折中前行——挫折应对概述 ········ 215

二、人生总有不如意——大学生常见挫折及成因 ……… 218
三、踏平坎坷成大道——大学生应对挫折的方式方法 …… 223

第十二章　理性用网,远离网瘾
　　——大学生网络与心理健康 …………………… 234
一、微时代——大学生网络心理概述 ……………………… 234
二、健康用网——大学生网络成瘾行为分析 ……………… 237
三、远离网瘾——大学生网络心理健康与维护 …………… 247

参考文献 …………………………………………………………… 255

第一章　健康人生，从心开始
——大学生心理健康与生命成长

一、大学生心理健康概述

随着物质条件的丰富，越来越多的人开始注重自己的心理健康，渴望了解与心理健康相关的知识，对自己的内心变化充满好奇。同时，人们也越来越认识到，心理健康是健康的重要组成部分，这项软实力确实很重要。不少研究显示心理健康能促进寿命延长，改善身体健康，提高生命质量，并能有效减少犯罪等。心理健康是大学生建立良好的人际关系、提高创造力、保证良好发展的基础。

（一）心理健康的概念

2001年，世界卫生组织对心理健康的定义为："心理健康不仅仅是指没有患上心理疾病，更可视为一种幸福状态，在这种状态中，每个人认识到自己的潜力，可以应付正常的生活压力、有效地从事工作并能够对社会做出贡献。"

2016年，由国家卫生计生委、中宣部等22部委联合发布的《关于加强心理健康服务的指导意见》将心理健康定义为："人在成长和发展过程中，认知合理、情绪稳定、行为适当、人际和谐、适应变化的一种完好状态。"

> **延伸阅读**
>
> **心理健康的新观点**
>
> 当今,人们对心理健康的理解有以下四个新观点:(1)心理健康是人的一种相对的状态,而不是"十全十美";(2)心理健康是人较长一段时间内的持续的心理状态,一个人偶尔出现的异常心理和行为及轻微的情绪失调,如果能恢复正常,则不认为这个人的心理是不健康的;(3)人的心理健康可以用一系列具体标准来描述,但这种描述通常是对人的一种全面的理想要求,人不一定能全部做到;(4)人们对心理健康的理解逐渐趋于多元模式,人们认为造成心理不健康的因素并不一定是单一的,而是生物、心理和社会共同作用的结果。

(二)心理健康的意义

其一,心理健康能提高机体的健康水平,对预防疾病有积极的作用。心理素质好,自身免疫力强,可以提高机体对疾病的抵抗力,可以减少感冒等疾病的患病概率。

其二,心理健康是高效率脑力劳动的一个重要的内在条件。除了智商正常,情商、逆商高也是高效脑力劳动重要的内在条件。心理健康者,精神饱满,工作热情高,效率也高。

其三,心理健康可以延缓衰老,使人长葆青春。哲学家说,额上的皱纹是愁苦的表情留下的痕迹,所以心理健康可使人更美丽、更出众。可以毫不夸张地说,保持心理健康是世间最好的美容术。保持心理健康能极大地提高生命的质量。

其四,心理健康是社交的有力助手。心理健康者善于处理人际关系,所以心理健康是社交的有力助手,是良好的人际关系的产物和结果。

其五,心理健康是自我调节的杠杆和阀门。心理健康者善于调整自己的情绪,能够预防和调适不良心态的发生与发展,保持心态平衡和稳定,因此心理健康是自我调节的杠杆和阀门。

其六,心理健康是一种生活目的。心理健康状态是在人际交往和人际相互作用的过程中得以调节和展示的,从而使个人生活质量得以提高,精神境界得以升华,因此心理健康是一种生活目的。

案例分析

是什么让青春年少的大学生走向极端?

2014年11月20日16时许,天津城建大学地质与测绘学院学生翟某在学生宿舍楼608室内将同宿舍的何某杀死,随后又将相邻宿舍杜某捅伤,并将自己反锁在612宿舍内自残。

此类恶性事件近年在高校校园屡有发生,虽然具体情况各异,但事件背后却折射出相同的问题,即大学生心理健康问题。大学阶段本该是人生中的花样年华,然而在浮躁的现实影响下,很多同学迷失了自我,各种心理问题或心理疾病成了大学时的梦魇。一桩桩令人扼腕的恶性事件,在震惊我们的同时,也给我们上了一次次沉重的课。大学是世界观、人生观、价值观由不成熟到成熟的发展时期,大学生心理发展呈现出善变、易变、不成熟、不稳定的特点,这也正是导致大学生恶性事件频发的主要原因。要避免此类事件发生,引导学生的心灵成长是关键。只有拥有健康的心理,才能看得见生活原有的色彩,才能感受生命应有的精彩。没有健康心理的人,生活没有颜色,生命没有激情,好似枯萎的小树,随时可能会逝去。

(三) 心理健康的标准

中国古代就有人提出了心理健康的标准——天人合一。天人合一的思想最初是由庄子提出的,后被汉代思想家、儒家今文经学大师董仲舒结合阴阳五行学说,发展成天人合一的哲学思想体系,并由此构建了中华传统文化的主体。天人合一的思想可以解读为人与自然的和谐及人内在生命的和谐。从传统文化的角度来看,一个人的心理是否健康,主要看这个人是否与外在环境保持和谐,以及这个人的内在是否和谐。这种和谐是当今学者对心理健康标准界定的核心依据。下面我们一起来看看当今比较为人认可的心理健康标准。

1. 马斯洛和密特尔曼的心理健康10条标准

(1) 有充分的安全感。

(2) 对自己有比较充分的了解,并能恰当地评价自己的行为。

(3) 自己的生活理想和目标能切合实际。

(4) 能与周围环境事物保持良好的接触。

(5) 能保持自我人格的完整与和谐。

(6) 具备从经验中学习的能力。

(7) 能保持适当和良好的人际关系。

(8) 能适度表达和控制自己的情绪。

(9) 能在集体允许的前提下,有限地发挥自己的个性。

(10) 能在社会规范的范围内,适当地满足个人的基本要求。

2.《简明不列颠百科全书》的心理健康标准

(1) 认知过程正常,智力正常。

(2) 情绪稳定乐观,心情舒畅。

(3) 意志坚强,做事有目的性。

（4）人格健全，性格、能力、价值观等均正常。
（5）养成健康习惯，无不良行为。
（6）精力充沛地适应社会，人际关系良好。

> **延伸阅读**
>
> 从事心理相关工作的专业人员会综合考虑各方提出的标准来判断一个人的心理是否健康。在做判断时，主要考虑以下四个方面：(1) 个人痛苦程度；(2) 个人丧失功能行为的领域和影响；(3) 个人对自身的伤害是否增加痛苦或死亡的风险；(4) 个人行为的社会可接受性，即是否违反社会规范。

二、大学生心理发展的特点

我国普通高校大学生的年龄大多在 18~23 岁，属于青年初期至中期。就大学生整体的心理发展来看，他们正处在迅速走向成熟而又未真正成熟的水平上，这在他们心理活动的各个方面都有明显反映，并由此形成了不同于中学生和一般社会青年心理发展的基本特点。

（一）自我意识逐步增强但发展不成熟

大学生在学校生活和社会生活的实践中，逐步形成了各自的气质和性格，同时，也形成了自己的世界观。他们要求了解和关心自己的发展，常常进行独立深思，考虑自己的情况，进行自我设计。处在这一阶段的大学生，开始寻找现实的"我"与理想的"我"之间的差距。"理想自我"是个人对自己的期望或理想，是个人的成长目标。通过完善自我来完成两个"我"的统一过程,即自我设计,每一个大学生都会经历这一过程。这是大学生自我意识发展走向成熟和完善的重要时期,但由于知识、能力和经验等方面的不足,大学生自我意识还没有达到最终的完善和统一,有部分学生有时由于期望值过高,或受客观条件的限制,理想难以实现,一旦遭到挫折,往往不能正确对待,产生悲观失望情绪,甚至导致心理障碍。

延伸阅读

双面神的烦恼

一位哲学家无意间在古罗马城的废墟里发现一尊"双面神"神像。哲学家觉得这尊神很陌生,于是就问神像:"请问尊神,你为什么有一个头却有两张面孔呢?"双面神回答道:"因为只有这样,我才能一面察看过去,以汲取教训,一面展望未来,给人以憧憬。""可是,你为什么不关注最有意义的现在?"哲学家问。"现在?"双面神茫然。哲学家说:"过去是现在的逝去,未来是现在的延续。你既然无视现在,即使对过去了如指掌,对未来洞察一切,又有什么意义呢?"双面神听了,突然号啕大哭起来。原来他就是没有把握住"现在",罗马城才被敌人攻陷,他因此被视为敝屣,被人丢弃在废墟中。

(二)逻辑思维迅速发展但思维易带主观片面性

大学生的思维达到了较高和较成熟的程度,理论性逻辑思维提高。大学生已不满足于现象的罗列和现成理论,而试图探求事物的本质和规律,要求有理论的深度,希望对事物的因果关系做规律性的探索。大学生的智力也有很大发展,感知觉和观察力有了进一步的提高,记忆力处于鼎盛时期,记忆快,保持久,回忆正确。

大学生富于幻想,已不是简单地把握信息,而是通过自己的思维去加工创造某种新的东西,但有时辨别是非能力较差,不能很好地把握现象和本质的内在联系,表现出认知结构和思维的主观片面性、表浅性及单纯性,甚至过分自信和固执己见。

(三) 情感情绪日益丰富但波动较大

大学生一般远离家乡,在校园过集体生活,脱离了对父母的依赖,因此他们十分渴望真挚的友情,渴望师生之间、同学之间的情感沟通与交流,甚至渴望获得异性的青睐,探索青涩而甜蜜的爱情。一方面,大学生在情感方面热情奔放,表达直接,情感体验往往来得快而强烈,常处于"疾风暴雨"式的激情状态,但控制自己的能力远不如成年人,一旦失去控制,情绪就会爆发。另一方面,由于需要结构正处于改组阶段,各种需要之间的互相制约尚未平衡,容易表现为冲突的性质。碰到主客观矛盾时,大学生容易从一个极端走向另一个极端。因此,大学生情绪的转换受情感变化的影响非常明显,时而热情激动、沉着冷静,时而悲观抑郁、躁动不安,这些情绪体验交替出现,他们既可能为学习生活、友情爱情的成功而欢乐,又可能为生活的挫折、考试的失败、情感的纠结而苦闷烦恼,并由此产生各种心理困扰。

(四) 性意识觉醒但处理相关问题的知识、能力却较为欠缺

大学生生理发育已基本完成,性生理、性机能已达到成熟水平,性意识逐渐明朗化。同时由于大学校园是年轻人的世界,每个大学生都有充分的机会与同龄的异性接触,因而性意识的发展以及与之相伴而来的恋爱问题是大学生心理发展过程中的一个重要内容。一方面,性意识的发展带来强烈的按照性别特征来塑造个

性和形象的精神向往,每个大学生都会在心里产生一种愿望,即成为什么样的男性或女性;另一方面,性意识的发展也带来了对异性的倾慕与追求,这是每个青春萌动的大学生都会遇到的问题。由于大学生还不善于处理异性之间的关系,或者他们的经济地位与心理成熟度还不足以应付这种问题,故他们的这种愿望可能会与他们遇到的现实情况相矛盾。因失恋导致的失态、失志,因性盲导致的与异性交往的困惑,常让他们产生不安和烦恼。

三、影响大学生心理健康的主要因素

影响大学生心理健康的主要因素有两个方面:一是遗传,二是环境。遗传影响人的潜能,环境影响这种潜能是否能发挥出来,以及发挥到什么程度。

(一) 遗传因素

人的心理主要是在后天环境影响下形成和发展起来的,然而,人的心理发展与遗传因素也有着密切的关系。统计调查和临床观察资料表明,很多的精神疾病的发病原因确实与遗传因素有关。北京大学精神卫生研究所和上海精神卫生中心近年的遗传流行病学研究表明:重性精神疾病患者,如精神分裂症、双相情感障碍等与遗传的关系十分密切,一些较轻的精神疾病与遗传的关联度则较小。

(二) 环境因素

环境对大学生的影响主要来自家庭、社会和学校。

1. 家庭环境

环境中对大学生心理健康影响最大的就是家庭环境。家庭环境对人的影响主要包含三个方面：家庭的自然结构、家庭的人际关系和家庭的教养方式。

有研究表明家庭的自然结构对大学生心理有一定的影响，例如寄居家庭大学生相对于其他家庭的大学生与人交往时更加敏感；单亲家庭的大学生抑郁程度更高，心理障碍较严重，更容易产生敏感和自卑心理，同时他们的独立性更强。家庭的人际关系不良，例如父母关系不良、经常吵架甚至相互敌视，家庭气氛紧张，自己与父母关系较差或很少与父母联系等，都容易导致大学生产生抑郁情绪。家庭的教养方式从不同方面直接或间接地影响大学生的心理健康水平，否定、消极、拒绝的教养方式对大学生的心理健康起到了一定的负面影响；而肯定、积极的教养方式则对大学生的个性特征、社会交往、自我评价起到了积极的作用。

延伸阅读

家庭的代际传递

人们常说"父母是孩子最好的老师"，无论学习内容是好的还是坏的，孩子会更容易向父母学习，这就是心理学所说的"家庭的代际传递"。

家庭的代际传递究竟传递了什么呢？首先，家庭的代际传递的内容涉及方方面面，从生活习惯到人格特点等，其中传递最多的就是与他人的相处模式。家庭的代际传递又是怎样发生的呢？家庭的代际传递的过程有很多种，也很复杂。有些传递可能是孩子自身的观察和学习，有些传递可能是孩子对父母的认同。

2. 社会环境

在社会经济飞速发展的今天，大学生不仅迎来了发展机遇，也面临着各种挑战。大学生不仅要成绩好,而且要提升自身的各种能力,这样才能在竞争激烈的职场中找到适合自身发展的平台。

每个人既独特又平凡,独特是因为天下没有一模一样的人;平凡在于每个人都生活在大的社会环境之中,因此每个人也难免会受到庞大的社会环境体系的影响。每个人从出生开始就在慢慢实现社会化。社会化是人在特定的社会环境中,发展出价值观,致其行为和态度能够适应社会并积极作用于社会的过程。在每个人发展出独特价值观的进程中,社会环境起着很大的作用,每个人的身上都有时代的印记。

延伸阅读

腾讯发布《"00后"研究报告》

2018年,腾讯发布了《"00后"研究报告》。报告中指出,在对"00后"群体价值观及其塑造过程的刻画中,移动互联网和内容大爆发充当了重要角色。21世纪初,我国进入了个人计算机时代,互联网成了连接各方面信息的媒介,随着网络技术的发展,如今我们已经进入移动互联网与社交媒体时代。互联网的可获得性越来越高,内容上也出现了爆炸式增长的现象。互联网的兴起对大学生心理健康的发展产生了很大的影响,一方面塑造了大学生的价值取向:乐于探索不同领域并进行深入了解,能够积极获取家庭和外部资源,对差异越来越包容,更擅长自我形象管理,重视平等并关心自己所在的群体。另一方面,互联网对大学生心理健康也存在潜在的负面影响,例如,更高水平的社会比较会降低大学生的幸福感,自我形象管理的反面就是完美主义倾向等。

时代的作用当然远不止这些,社会环境中的经济、政治、文化等多方面都会在无形中塑造着每一个人。

3. 学校环境

大学是人生的重要时期,是青年在生理和心理上走向成熟和定型的重要阶段。学校在向学生传授知识的同时,也通过各种文化建设向学生传授做人的道理。学校犹如一个小社会,学校的文化氛围也会对大学生的心理产生很大的影响。

课堂活动

分享互动模式

和身边的同学组成3~5人的小组,分享自己家庭中的一个互动模式,以及这个互动模式对你的影响。

四、促进大学生心理健康的途径

美国《人类行为百科全书》指出:"促进人类心理健康的活动,应该包括生理、心理和社会三方面的内容。"对于大学生而言,如何维护心理健康和提高心理健康的水平,也应当从这三个方面去考虑问题,采取相应的方法和措施,才可以达到预期的目的。

(一)坚持健康的生活方式

生活方式是指在日常生活中人们所遵循的行为规范,即习惯化了的生活活动的形式。不健康的生活方式和不良的卫生习惯会对人体健康带来严重的危害,引发许多常见病、多发病。大学生生活虽然是集体式生活,但是事实上,学生在生活上处于相对自由的状态,缺少家庭和教师监督后的学生开始成为自己生活的主人。很多学生在这一阶段,对生活中的不良生活习惯缺乏自控能力,或者由于情绪无法排解而采取一些不好的发泄方式,导致抽烟、酗酒、通宵上网游戏等一系列不健康的生活方式成为一些同学的生活常态,这样的生活方式日积月累必定会引发不同程度的生理、心理问题的出现。"健康的精神寓于健康的身体",健康的生活方式和良好的卫生习惯有利于提高人的身体健康水平,有了健康的身体,才能给心理健康提供良好的基础。

(二) 讲究心理卫生

要维护和保持心理健康,提高心理健康水平,就必须讲究心理卫生。心理卫生指的是人们应如何维护和保持心理健康,提高心理健康水平,避免和减少发生心理失调与精神疾患的原则、方法和措施。

对于大学生而言,一方面要注意用脑卫生,讲究科学用脑。具体来说,就是要劳逸结合,有张有弛,避免大脑的过度疲劳以致功能衰弱,特别是应有充足的睡眠,以便使疲劳一天的大脑能够得到及时而有效的修复。另一方面要做到出现不适,切莫讳疾忌医。很多同学对于心理失调或精神疾患的认识和态度存在许多误区。对一些很常见或难以避免的心理失调与精神疾患表现得难以接受,讳莫如深。对于自身的类似情形常常是讳疾忌医,对于别人的类似情形则避而远之或者有些歧视态度。这对于预防和消除心理失调与精神疾患,维护心理健康都是很不利的,也违反心理卫生的基本原则与方法。讲究心理卫生的一项重要任务就是及时在心理失调之初寻求心理咨询与治疗专业人员或精神科医生的帮助,以尽快消除可能发生的心理失调或精神疾患。

(三) 增强情绪的自我调控能力,及时排除各种负面情绪

人的情绪活动可以分为两大类:一是积极的良性情绪,如高兴、愉快、喜悦等,它能为人的中枢神经系统增添新的活力,发挥机体的潜能,改善人的生理和心理功能,促进人的心理健康;二是消极的负性情绪,如愤怒、焦虑、恐惧、抑郁等。负性情绪的作用有两面性,一方面有利于个体为适应恶劣的环境刺激而斗争;另一方面负性情绪往往以强烈的激情状态或持久的心境出现,使人的头脑失去冷静,可能导致意识模糊或精神颓丧、意气低沉,使观察事物的能力和思维判断的能力被歪曲,意志行为反应受到扰乱等,从而影响人的整体心理功能的正常发挥,使心理健康受到严重的损害。因此,要维护心理健康,大学生要学会情绪活动的自我调控。

(四) 培养完善健全的人格

人总是按照自己既有的人格来观察外界事物,思考问题,产生相应的态度和情绪体验,同时对外界环境刺激采取一定的应对策略,并做出一定的行为反应。能采取恰当的态度,体验正常的情感情绪,做出正确合理的行为反应,即具备了健全的人格,有助于学生们正确地评价客观事物,顺利地进行社会交往和人际关系的正确处理,更有助于大学生有效适应变化着的社会生活环境,从而不断提高心理健康的水平。所以,培养和完善健全的人格,对于大学生心理健康的维护有着极为重要的意义。

(五) 积极参与社会活动，扩大人际交往

人类是一种群体动物，过的是群体生活，每一个人作为社会的一员都必须生活在一定的社会群体之中。通过群体的社会生活和交往活动，一个人就可以与群体中的其他成员或其他社会群体进行交往和联系，特别是和志趣相投的伙伴、朋友、同学和同事在一起，更能推心置腹地进行思想沟通与情感交流，从中得到启发、疏导和帮助。通过积极参与社会活动，人际交往得以不断地扩大，不仅可以使人心胸开朗、增进理解、交流经验、开阔视野，还可以使人获得更多的社会支持。更重要的是，这可以使人感受到与社会集体融为一体、不可分离以及充足的社会安全感、责任感、信任感和激励感，从而大大增强个人对生活、学习和工作的信心和力量，最大限度地减少心理应激和心理危机感。社会活动是人们维护和保持心理健康的最基本、最重要的因素之一。一个离群索居、孤芳自赏、生活在社会群体之外的人，是不可能做到心理健康的。

以上多方面途径构成了维护和增进大学生心理健康的有机的统一的整体，只有生物、心理、社会适应三者协调发展才能获得良好的效果。我们期待大学生们通过对心理健康知识的学习和了解，认识自己，认识生活；提高自己，提高生活；完善自己，升华生活。

课堂活动

设定成长目标

根据大学生的心理发展特点为自己设定三个在大学阶段主要的成长目标，并完成下表。

设定成长目标

成长目标	完成情况	阻　力	如何打破阻力实现成长目标

延伸阅读

自我关爱小贴士

1. 将自我关爱排上你的日程。
2. 定期评估自己。
3. 换个方式打发时间。
4. 做深呼吸。
5. 发挥你的主观能动性。
6. 放松你的身体。
7. 抓住通勤、无聊和失眠的时刻。
8. 让生活更丰富多彩一些。
9. 学会寻求帮助。
10. 发挥你的想象力。
11. 寻求专业疏导。

第二章 转变角色,适应新环境
——大学生适应与心理健康

一、适者生存——适应概述

由于生活环境、学习方式、人际交往以及心理方式等改变,每一名大学新生都会经历一个适应的过程。积极适应新环境,是大学生健康成长的重要前提。

(一)适应的概念

从生理学的角度来说,适应是指生物的形态结构和生理机能与赖以生存的一定环境条件相适合的现象。而从心理学的角度来说,个体的每一个心理反应,不管是指向外部的动作,还是内化了的思维动作,都是一种适应。适应既是一种状态,也是一个过程。它可以概括为同化和顺应相辅相成的结果,同化指把环境因素纳入机体已有的图式或结构中,顺应指改变主体行为以适应客观变化,个体通过同化和顺应这两种形式来达到机体与环境的平衡,这种平衡就是适应的状态,这种不断的"平衡—不平衡—平衡"的过程,就是适应的过程。

具体来说,从心理学研究上看,适应具有以下三层内涵:
(1)生理适应,即生物学意义上的适应,指在有机体的机能和感知觉的水平上,个体对声、光、味等刺激物的适应。在此层次上,适应至少可以分为两种类型:一是长期性适应过程,指个体或群体为了求得生存和发展,在生理机能或心理结构上产生改变,以适合于自身生存的环境的历程;二是即时性适应过程,指有机体感官随着刺激在时间上的延续,感受性水平发生变化的现象,如感觉适应、个体学习等。

(2)心理上的适应,通常指个体遭受挫折后借助心理防御机制来减轻压力、恢复平衡的自我调节过程,这是一种狭义的适应概念。心理适应的内部机制是同化与顺应的平衡,两者都是对环境做出反应和对自身进行调节的过程。因此,心理适应实际上是一个自我调节的过程。

(3)对社会生活环境的适应,包括为了生存而使自己的行为符合社会要求的适应和努力改变环境以使自己能够获得更好发展的适应,这是社会适应层次上的概念。

(二)适应的特点

适应具有以下特点:

(1)适应是主体对环境变化所做出的一种反应,适应现象伴随环境的变化而产生、而变化,没有环境的变化就无所谓适应或不适应。

(2)适应的目的是达到或恢复主客体之间的平衡,因此,适应就是主体不断建立平衡的动态变化过程。

(3)适应是在主体自我意识作用下的自我调节过程,其中同化和顺应是主要的自我调节方式。

(三)适应的心理过程

从心理学的角度研究适应,可以看到适应包括以下四步:第一步,一种需要(或动机)的存在;第二步,阻止这种需要得到满足的阻挠的存在；第三步，个人提供的克服这些阻挠的各种各样的行为反应方式；第四步，有一种反应导致了减轻紧张，即解决问题。

1. 需要的存在

人在世界上生存，有着各种各样的需要。人的各种需要如果得到满足，就会产生心理平衡，反之则感到紧张、失望、恐惧、不安，产生情绪波动。适应过程首先是一种需要的存在，为了需要的满足而去适应。

2. 阻挠

阻挠是指个体在利用其现有的习惯机制满足需要（动机）时所遇到的阻力。如果人们对某种环境已经建立了可以适应的机制，这就是习惯性机制；但是，当环境发生变化，这一套习惯性机制达不到解决问题的需要时，就发生了阻挠。面对阻挠，人们会产生不同程度的紧张与焦虑。

阻挠满足人们需要的情况大致有三种：一是环境的阻挠，比如到了一个新的生活环境，生活方式、学习内容、人际关系处理都和以前有了很大的不同，如果还用以前的生活方式就很难适应了；二是个人的缺失，即个人在生理上、智力上、能力上的某些缺失；三是相互冲突的需要，比如新入学的大学生，一方面需要马上静下心来集中精力学习，另一方面又非常想念父母，这两种需要相互冲突，使其产生紧张不安的情绪，他们需要寻找一种新的适应机制来适应大学的新生活。

3. 反应

当人们面临一种新的情境，用以往习惯的方式尝试解决问题失败时，就会主动寻找一种新的能够解决问题的方式，这就是反应。人适应环境的效果很大程度上取决于他能否不断变更自己的反应，直到取得成功。当人们尚未找到一种成功解决问题的反应方式时,常常在情绪上表现出紧张、焦虑、沮丧。因此,人们在面对不适应时,一方面要积极尝试,寻找成功解决问题的反应方式;另一方面要保持一种积极解决问题的心理状态,消极的心态不利于思考和寻找新的解决问题的方式。

4. 解决问题

适应是指个体显示出适合客观条件或需要的心理状态。一般只要个体减轻或消除了紧张心理,就被视为达到了适应的标准,也就是问题得到了解决。例如,新生入校后不久就找到了正确的反应方式,刚入校时的心理压力减轻了,并且对新环境、新要求逐渐熟悉,与学校生活节奏保持一致,就达到了基本适应状态;进而完全消除了紧张心理,与学校生活节奏保持了和谐统一,甚至游刃有余,就达到了完全适应状态

心理适应性是心理健康的一条重要标准,是心理素质结构的重要组成部分,是个体在与周围环境相互作用、与周围人们相互交往的过程中,以一定的行为积极地反作用于周围环境而获得平衡的心理能力。具有较高心理适应性的人对环境变化持有积极灵活的态度,能够主动调整自己的身心,在现实生活环境中保持一种良好的、有效的生存状态。它是认知因素和个性因素在个体"适应—发展—创造"行为中的综合反映,是个体生存和发展中必要的心理因素之一。

心理学家认为适应性品质要包括身心适应、学习适应、情绪适应、人际适应和挫折耐受力五种成分。身心适应性指身体对环境、行为方式和心境的改变产生神经、心血管、消化等系统的保护性反应能力,而身体某一系统的适应又改变心境。学习适应性指学生能够根据学习环境、内容和教师的教学方式的改变而对自己的学习准备、学习方式和复习方式等做出调整,包括学习的准备计划、

改进学习方法、归因倾向和积极努力的学习态度等。情绪适应性指情绪稳定而成熟,充满安全的情绪体验。人际适应性指与人和谐相处、积极合作的情况。挫折耐受力指学生面对挫折而采取的防御和自我调节方式。

延伸阅读

孔子游吕梁山

孔子到吕梁山游览,那里瀑布几十丈高,水花溅出数里,鼋鱼、扬子鳄、鱼类和甲鱼都不能游,却看见一个男人在那里游。孔子认为他是有痛苦想投水而死,便让学生沿着水流去救他,他却在游了几百步之后出来了,披散着头发,唱着歌,在河堤上漫步。

孔子赶上前去问他:"刚才我看到你在那里游,以为你是有痛苦要去寻死,便让我的学生沿着水流救你。你却游在水面,我还以为你是鬼怪呢,请问你到那种深水里去有什么特别的方法吗?"男人说:"没有,我没有什么方法。我起步于原来本质,成长于习性,成功于命运。水回旋,我跟着回旋进入水中;水涌出,我跟着涌出于水面。顺从于水的活动,不自作主张。这就是我能游水的缘故。"

孔子说:"什么叫做起步于原来本质,成长于习性,成功于命运?"男人回答:"我出生于陆地,安于陆地,这便是原来本质;从小到大都与水为伴,便安于水,这就是习性;不知道为什么却自然能够这样,这就是命运。"

适者生存,这是人类一切问题的答案。试图让整个世界适应自己,这便是麻烦所在。试图让一切适应自己,这是很幼稚的举动,而且是一种不明智的愚行。

那位智者让自己适应水流,而不是让水流适应自己。就这样,智者成功了。这不是一种方法,也不是一种技巧,而是一种智慧。

课堂活动

自测：你的适应能力如何？

请认真阅读以下问题，选出与你实际情况相符的选项。

题　目	是	无法肯定	不是
1. 每到一个新环境，我总要经历很长一段时间才能适应。			
2. 每到一个新地方，我很容易与别人亲近。			
3. 在陌生人面前，我常无话可说，以至于感到尴尬。			
4. 我喜欢学习新知识、新技能，它给我一种新鲜感，能调动我的积极性。			
5. 每到一个新地方，我第一天总睡不好。就是在家里，只要换一张床，有时也会失眠。			
6. 不管生活环境发生多大变化，我总能很快习惯。			
7. 越是人多的地方，我越是紧张。			
8. 在正式比赛或考试时，我的成绩多半会比平时好。			
9. 我最怕在正式的公共场合讲话，大家都看着我，我的心都快跳出来了。			
10. 即使身边人对我有看法，我仍然能够同他正常交流。			
11. 老师或领导在场时，我做事总是有些不自在。			
12. 和老师、同学、家人相处，我很少固执己见，乐于接受别人的建议。			
13. 同别人争论时，我常感到语塞，事后才想到怎样反驳对方，可惜已经太迟。			

续表

题　目	是	无法肯定	不是
14. 我对生活条件不高，即使生活条件艰苦，我也能过得很愉快。			
15. 有时自己明明已经把考试内容背得滚瓜烂熟，可是在考场上还是会出错。			
16. 在决定胜负成败的关键时刻，我虽然紧张，但总能很快让自己镇定下来。			
17. 我不喜欢的东西，不管怎么学也学不会。			
18. 在嘈杂的环境里，我仍然能够集中精力学习或工作，并且效率不减。			
19. 我不喜欢陌生人来家里做客，每逢这种情况我就有意回避。			
20. 我很喜欢参加社交活动，我感到这是交朋友的机会。			

评分规则：

凡是奇数题，选"是"得－2分，选"无法肯定"得0分，选"不是"得2分。

凡是偶数题，选"是"得2分，选"无法肯定"得0分，选"不是"得－2分。

☆ 将各题的总分相加，即为总分。

35~40分：心理适应能力强。能很快地适应新的生活、学习环境，与人交往很轻松、大方。给人印象好，无论进入什么样的环境，都能应对自如、左右逢源。

29~34分：心理适应能力良好。

17~28分：心理适应能力一般。当进入一个新的环境，经过一段时间的努力，基本上能适应。

6~16分：心理适应能力较差。依赖于较好的生活、学习环境，一旦遇到困难则易怨天尤人，甚至消沉。

5分以下：心理适应能力差。在各种新的环境中，即使经过一段相当长的时间的努力，也不一定能适应，常常感到困惑，因与周围事物格格不入而十分苦恼。在与他人交往中，总是显得很拘谨、羞怯、手足无措。

二、水土不服——适应不良综合征

课堂活动

中学与大学不同之处

你觉得从中学到大学有哪些变化?你对大学生活的适应情况如何?请填入下表中。

中学与大学的不同之处

内容	中　　学	大　　学
生活		
学习		
交往		
其他		

(一) 适应不良综合征的概念

凡是生活、学习和工作环境发生了重大变化,个体的心理、行为无法适应,就会出现异常。轻者造成自我迷茫、困惑、苦闷、迷失、烦躁,失眠或日夜颠倒,不善于与人交往,难以融入新环境,情绪不稳、冲动任性,会无故叫喊,无耐心,做事急匆匆,注意力不集中等;重者容易诱发各种心理障碍,甚至出现各种犯罪或自卑、自杀倾向。这种受环境改变造成精神上的紧张、干扰,而使个体在思想上、情感上和行为上发生偏离社会生活规范轨道的现象称为"适应不良综合征"。

(二) 适应不良综合征的类型

1. 对生活方式的变化适应不良

大学新生来自全国各地,有相当一部分同学的生活自理能力较差,过惯了衣来伸手、饭来张口的生活。而进入大学后,却要面对多人一室的集体宿舍、饭菜要自己打、衣服要自己洗、生活需要完全自理等生活方式的变化,这对于那些平时习惯于依靠父母、家庭的同学来说,确实是个难题,这会使大学新生对生活方式的诸多变化感到适应不良,同时也给他们带来一定的精神压力。

2. 对学习方式的变化适应不良

中学阶段,学习方式主要是被动接收式的灌输教育,同学们的所有时间几乎被学校、家长见缝插针地安排妥当。而大学更强调启发性、研讨性、自学式教育,课堂讲授时间相对较少,强调在学习中培养独立思考、探索创新的能力,而死记硬背、墨守成规,缺乏灵活运用知识能力的大学生将会较多地遇到挫折。许多新生入学后,在学习安排上不知所措。他们一方面抱怨课程太多,另一方面又抱怨课后没事做,这实际上就是他们对学习方式的变化适应不良的表现。

3. 对自我角色的变化适应不良

大学新生进入大学后须迅速经历从中学生到大学生、家庭角色到社会角色、中心角色到普通角色的三层改变。目前大部分大学新生很难认清自己的角色,不能扮演好相应的角色,主要原因是对角色的改变和各种环境、条件的变化感到茫然,对自我角色的变化适应不良,无法正确进行角色定位,甚至会形成角色歪曲。

4. 对人际关系的变化适应不良

当今高校已全面进入"00后"的时代,大学新生告别了相伴多年的家人、老师、同学,离开了熟悉的环境。进入大学,陌生的环境里全是陌生的面孔,大家的语言、习俗等各不相同,这对于正处青春期的他们来说是极不习惯的,短时间内他们很难建立稳定的人际关系网络,同学间由中学时代的亲密无间变得无人可以倾诉,会产生强烈的孤独感。

5. 对自我意识的发展适应不良

自我意识的不断发展和增强是大学生的一个显著特点,自我价值的实现往往是他们追求的终极目标。许多大学新生都希望能在各种场合、各种活动中展示自己的才华。然而,大学中人才济济,再加上没有经过社会上的锻炼,有些同学就出现片面追求所谓的"自我实现",对生活中的一些不尽如人意之事不能正确对待,有怀才不遇之感;也有些同学不能正确、客观地评价自己,只看到别人身上的缺点,却不能正视自己的不足,以"理想主义"要求别人,却以"现实主义"要求自己。

案例分析

我到底怎么了?[①]

孟某,女,19岁,某大学大二学生,住学校集体宿舍。母亲为小学教师,父亲在铁路工作,常年在外,家里有一个哥哥,家庭氛围温馨融洽,经济情况中等。

---

① 资料来源:https://wenku.baidu.com/view/29ee38a491c69ec3d5bbfd0a79563c1ec5dad7a4.html。

孟某出生在山西省武乡县一个普通家庭,从小身体健康,性格比较内向,父母和哥哥对她既宠溺又比较严格,学习成绩始终良好。孟某平时主动开口不多,但自尊心很强,对自己要求严格,做事情一丝不苟,在受到批评后会感觉很委屈,但都是在心里憋着,不轻易同别人说。

孟某自上学起学习成绩一直很好,深受老师、同学和亲人的喜爱,是大家眼中的好学生、乖孩子。高考顺利考入山西太原某高校。进入大学后,能够很快适应新的环境和新的生活,和宿舍同学相处和谐。大一两个学期她成绩都很优秀,分别拿到三等和二等奖学金,但大二开学重新调整宿舍后,新的宿舍环境让孟某一时不能适应,她感觉无法融入这个新环境中,有被大家排斥的感觉,内心非常郁闷,一直有紧张不安的表现,而且明显影响了学习和睡眠状态。为此,孟某感到心烦、焦虑,谈吐有些拘谨,食欲下降,间歇性失眠,注意力不集中,喜欢独处,无法安心学习。

思考:1. 孟某出现了哪些心理不适应问题?

2. 如果换成是你,你会怎么调整?

三、破茧成蝶——大学生适应不良的调适

(一) 生活方式适应不良的调适

大学新生入学后要从非独立生活走向独立生活,独立面对生活环境变化,这就要求大学生尽快完成角色转变,适应集体生活,学会独居和共处,以成年人的角色看待和处理问题,这是其适应时代和社会发展趋势的必然要求。

首先,要正确认识集体生活的优缺点,学会接纳别人,逐步习

惯不同的文化和生活习惯。其次,学会独立生活,逐步养成良好的生活习惯,合理规划好自己的生活与学习时间表,早睡早起,保持饱满的精神状态;晨跑晨读,不仅可以强身健体,还可以增长学识。最后,培养广泛的兴趣爱好,合理安排课余生活。大学生活丰富多彩,各种社团、组织活动扑面而来,加上培训、讲座等都会给同学们提供很多学习与展示的机会与舞台,大学生可以选择符合自己特长与兴趣爱好的课程与活动,在保证正常学习的同时丰富业余生活。

(二)学习方式适应不良的调适

对大学新生来说,最重要的学习方式转变是从中学时代的"要我学"转变为"我要学",更新学习观念,做好大学学习生涯的规划。

1. 明确学习动机,加强自主学习

在应试教育的背景下,中学生大多没有明确的学习目标,唯一的方向就是考上大学。在此过程中,许多老师、家长和学生都已经忘记了学习的真正目的。明确自身的学习目标,树立正确的理想和方向是改变学习方式不良的根本途径,这样才能加强学习过程中的主动性。大学的学习虽然有教学计划,但老师讲课主要还是方法的指引。理解、巩固、消化都需要学生独立完成。另外,除必修课外,学校还开设了许多选修课和课外活动,这就需要学生们充分发挥主观能动性,统筹规划,合理安排自己的学习内容,选择适合的学习方式。自主学习不仅可以拓宽学习空间,有利于学生主动发现、主动探索,更能为学生在毕业后进行创造性的工作打下坚实的基础。

2. 掌握学习规律,克服焦虑情绪

由单一的知识型学习向人格学习转变。智力-能力型的学习不仅重视学习者能力的提高和智力的开发,还重视知识和能力的相互促进和提高,更重视受教育者人格的健全发展。

由封闭式学习向开放式学习转变。课堂、学习的主导不再停留在教师、课本的层面,而是转变为面向社会、多层次、开放式的学习。

由基础型的学习向专业性的学习转变。中学时各学科并行、面面俱到的学习方式到了大学阶段就逐渐朝着专业化的方向发展。在专业的学习过程中,大学生寻求对新专业学习的兴趣和动力,适应新的学习环境。面对新的学习环境,大学生要注意科学用脑、劳逸结合、合理安排时间,可以有效地克服焦虑情绪。

案例分析

当"喂养式"变为"放养式"

对于小张来说,初进大学最大的不适应就是教学方式和学习方式的改变。高中时,老师都盯得很紧,还不时地有这个测验那个考试,不想努力都难。但是进了大学之后,作业不常布置了,老师也很少主动来关心自己的学习,连上课地点也不固定了。面对这么宽松的学习方式,小张有些不知所措,期末考试门门课程的成绩都亮起了红灯。

高中是一个小范围的群体,同学们上课都在同一个教室,课程都由学校安排,平时又有家长和老师两方面的督促,所以中学生的学习不太要求个人主动性。大学则完全不同,自由支配的时间越来越多,老师不再施压,课程一般比较轻松。成绩的好坏就全靠个人平时的学习态度是否自觉。建议新生在确定所学课程之后,为自己制订合理可行的学习计划和确切的学习目标,以及适合自己的学习方法,探索最佳的学习时段,并坚持按照计划进行学习,平时有问题主动请教老师。

此外,大学里很多课程是学生自己选的,即使是同一个班级的学生,课表也各有不同。所以要尽量安排好时间,提前安排好行程。

（三）自我角色适应不良的调适

第一，调整心态以适应新的环境，加快融入新集体。大学生可多与舍友、同学、学长学姐、辅导员、老师沟通，营造善于与他人交流的良好氛围；及时反映自己在学习、生活等方面遇到的困惑，以便得到他人的经验和帮助，进而及时解决问题。在空闲时间，大学生可积极参加学校组织的各种活动，丰富自己的阅历。

第二，坚持全面发展，提高综合素质。大学生应以学为主，兼学别样，注意劳逸结合，尽量避开晚上"开夜车"，养成早睡早起的好习惯，注意锻炼身体，提高身体素质，通过参加各种课余活动来丰富自己的大学生活，让自己每天的生活更加充实。

第三，正确认识自我，提升人际交往能力。大学生要学会正确评价自己、定位自己，注意心理健康教育，通过学校心理测评等正确面对自己的心理问题，积极主动寻找帮助，解决心理问题。

（四）人际交往适应不良的调适

心理学家丁瓒曾说："人类的心理适应，最主要的就是对人际关系的适应。所以人类的心理病态，主要是由于人际关系的失调而来。"这足以说明培养人际交往能力与社会适应能力的重要性。

1. 掌握交往原则，建立良好人际关系

一是平等原则。平等是建立良好人际交往的前提，也是人和人之间奠定感情的基础。只有平等待人，才能被别人所接纳和理解，有利于促进良好关系形成。

二是尊重原则。学会尊重自己，维护自己的人格，进而在各种场合尊重理解别人的情感、性格、价值观等，只有尊重他人才能赢得别人的尊重。

三是真诚原则。真诚是人际交往中最重要的原则。人际交往贵在一个"诚"字,以诚待人才能获得真情。如果对待朋友当面一套背后一套,耍小聪明说谎欺瞒别人,这样的交往也只可能是虚情假意,无法长期持续。

四是宽容原则。宽容表现在处理人际关系的时候能够适当忍耐和克制,学会原谅别人是美德,学会宽容别人是高尚的表现。

2. 善用交往技巧,提高人际交往能力

一是建立良好的第一印象。好的开始是成功的一半,良好的第一印象有助于大学新生与同学间的交流与相处。

二是善于赞扬别人。适时的表扬、真诚的赞美是奠定良好关系所必需的。

三是学会倾听。生活中其实听比说更重要,一个好的听众往往会比一个善讲者赢得更多的好感。我们应当学会让聆听成为一种习惯。

四是学会微笑。那些微笑的人常常被认为是热情、富于同情心和善解人意的。当然这种微笑必须是真诚的,虚假的微笑总是与矫揉造作和缺乏自信相关联。有研究表明,最动人的微笑来自遇到某人时发自内心的愉悦,脸上的微笑比人格更能给人带来魅力。

课堂活动

戴 高 帽

目的:学会发现与欣赏他人身上的优点,促进相互肯定与接纳。

时间:约30分钟。

准备:3顶帽子。

操作:将所有同学分成8人一组,围圈而坐,同学间先进行沟通、观察与了解。每一位同学轮流站在圆圈中央,其他人轮流说出他的优点或令人欣赏的地方。然后,被称赞的同学说说哪些优点是自己原来知道的,哪些是自己未察觉到的。每一位同学在圆圈中央戴一次高帽。要求是其他人说优点时态度要真诚,努力去发现他人的长处,不能毫无根据地吹捧。

(五) 自我意识适应不良的调适

1. 全面了解自我,真实面对自我

积极地进行自我探索,在这个过程中,既可以从生命线的角度进行纵向的探索,了解自我的成长史,也可以从自我不同的组成方面进行横向的探索,比如生理特征、能力与技能、性格、品质等,形成对自我的全面认识。同时,除了自我评价与自我分析,还可以通过其他人的评价来了解自我,尤其是来自身边的重要他人的评价,如父母、兄弟姐妹、老师、同学、朋友等。

需要注意的是,在了解自我的过程中,要敢于面对真实的自我,不要过度被他人的期待所裹胁,混淆了被期待的"理想自我"与"现实自我"的区别,比如,理想中"我应该外向",而在现实中"我其实有点内向",这样容易造成心理上的冲突。

2. 有效控制自我,不断超越自我

大学是一个机会与诱惑并存的地方,同学们要经得住诱惑、有效控制自我,要有远大理想与抱负,不断塑造自我、超越自我。要将远大理想分解成符合实际的、经过努力可以实现的子目标,将长远目标与阶段目标结合起来,循序渐进、逐步加以实现。排除大而无当、好高骛远的想法,对切实可行的目标、力所能及的事情要认认真真去完成。把塑造自我、超越自我的意识贯彻到每一个具体的行动中。集中精力,从一点一滴的小事做起。

课堂活动

准备应变

《西游记》中,孙悟空在西天取经路上,凭着自己的七十二变,当然也凭着师徒四人的齐心协力,一路过关斩将,最终打通取经的成功道路。

请同学们做一做,一起来思"变"。

首先写出关于"变"的成语。

然后回忆自己曾经走过的道路,想想自己是如何应"变"的?比如,在困难时,你是如何随机应变的?在一种办法不能解决问题时,你是如何变通的?在人前遭遇尴尬时,你是如何应变的?

最后请写出你对"应变"的思考。

延伸阅读

变色龙的生存之道

变色龙是一种"善变"的树栖为主的爬行类动物,在自然界中它当之无愧是"伪装高手",为了逃避天敌的侵犯和接近自己的猎物,这种爬行动物常在人们不经意间改变身体颜色,然后一动不动地将自己融入周围的环境之中。依据动物专家的最新发现,变色龙变换体色不仅仅是为了伪装,体色变换的另一个重要作用是能够实现变色龙之间的信息传递,便于和同伴沟通,这相当于人类的语言。

动物学家拉克斯沃斯发现,变色龙经常在捍卫自己领地和拒绝求偶者时,表现出不同的体色。为了显示自己对领地的统治权,雄性变色龙向侵犯领地的同类示威,体色也相应地呈现出明亮色。当遇到自己不中意的求偶者时,雌性变色龙会表示拒绝,随之体色会变得暗淡,且显出闪动的红色斑点。此外,当变色龙意欲挑起争端、发动攻击时,体色会变得很暗。

第三章 认识自己,悦纳自我
——大学生自我意识与心理健康

一、自知者明——自我意识概述

"认识你自己",这是刻在古希腊德尔斐的阿波罗神庙石碑上的三句箴言之一,也是最有名的一句。有人说这是大哲学家苏格拉底的名言,也有人说这是象征着最高智慧的"阿波罗神谕"。

根据第欧根尼·拉尔修的《名哲言行录(卷一)》的记载,有人问泰勒斯:"何事为最难?"他应道:"认识你自己。"

尼采在《道德的谱系》的前言中,也针对"认识你自己"这一观点表达了自己的看法,他写道:我们无可避免跟自己保持陌生,我们不明白自己,我们搞不清楚自己,我们的永恒判词是"离每个人最远的,就是他自己。"

这些先哲都曾思索这个每个人心中都不能回避的命题:认识自己。的确,太多的时候把我们的精力用于关注身外世界,我们因为这个多变的世界伤春悲秋,却很少回望自己内心世界的跌宕起伏。人贵有自知之明,如人不能自知,何以知人?

(一) 自我意识的概念

意识是人对于内部和外部刺激的知觉。意识是人的心理活动的一种高级水平，为人类所独有。

自我意识是对自己身心活动的觉察，即自己对自己的认识，具体包括认识自己的生理状况（如身高、体重等）、心理特征（如兴趣、能力、气质、性格等），以及自己与他人的关系（如自己与他人的关系、自己在团队中的位置和作用等）。

自我意识是意识的核心部分，是人在社会化过程中逐步形成和发展起来的，对自我以及自己与周围环境关系的多方面、多层次的认识、体验和评价，是个人关于自我全部的思想、情感和态度的总和。自我意识有目的性、社会性、能动性等特点。自我意识对个性的形成、发展起着调节、监督的作用。自我意识的表现形式是丰富多样的。

与自我意识相关的概念主要有自我概念、自我同一性、自我认识、自我认同、自我评价等。自我意识是一个主观的过程，每个人心理的自我比现实的自我对个人产生的影响要大，培养健康的自我意识有助于人的心理健康。

=== 延伸阅读 ===

意识与潜意识

潜意识是指人的心理活动中不能被认识或没有认识到的部分，是"已经发生但并未到达意识状态的心理活动过程"。意识是人们能觉知到的部分，潜意识是人们没能觉知到的部分。

人的心理犹如大海中漂浮的冰山，露出表面的小部分是意识，隐没在水面之下的大部分则是潜意识。潜意识是意识的基础。不仅是个人的行为动机，而且整个人类的活动和文明的发展，都可以在潜意识中找到根源。

(二) 自我意识的结构

自我意识的结构是指自我意识所包含的成分。由于自我意识既是心理活动的主体,又是心理活动的客体,是涉及认知、情感、意志过程的多层次、多维度的心理现象,因此自我意识的结构表现在自我认知、自我体验和自我调控三个方面。

1. 自我认知

自我认知是主观自我对客观自我的认识和评价,包括自我感觉、自我察觉、自我印象、自我评价等。自我认知解决"我是一个什么样的人""我如何看待自己"的问题。

2. 自我体验

自我体验指主观自我对客观自我产生的情绪体验,是在自我认知的基础上产生的。自我体验的内容包括:自我价值感、成功体验和失败体验、自豪感与羞愧感、内疚等。自我体验最重要的部分是自我价值感,核心内容是"我对我自己感觉怎么样"。自我认知决定自我体验,而自我体验又强化自我认知。

3. 自我调控

自我调控是伴随自我认知、自我体验而产生的各种思想倾向和行为倾向,调控常常表现在对个人思想和行为的发动、支配、维持和定向,因而又称为自我调节。自我调控是自我意识结构中的最高阶段,其核心是"我将如何实现理想的人生""我将如何改变自己"。

大学生健全自我意识的标准就是要有正确的自我认知、良好的自我体验和有效的自我调控。

(三) 自我意识的划分

自我意识是一个人对自己身心活动的觉察,它是稳定的,但又在不断发展之中。对于这个复杂的心理现象,可以从多维度和多层次上对其进行认识。

1. 根据自我意识的内容进行划分

从自我意识的内容来看,自我意识可以分为生理自我、社会自我和心理自我。

(1) 生理自我,是指个人对自己生理状况的意识,包括占有感、支配感、爱护感和认同感等。生理自我使一个人把自我和非我区别开来,即将自己从客观事物中区别出来,意识到自己不是别人,生理自我是自我意识的最初形态。

(2) 社会自我,是指个人对自己的社会成员性的意识,包括个人对自己在社会关系中各种角色、地位、权利、义务等的意识。社会自我随着社会化进程,是在个体逐渐学习角色并实践角色的过程中出现的。

(3) 心理自我,是指个人对自己心理方面的意识,包括自己的感知、记忆、思维、智力、性格、气质、动机、需要、态度、信念、理想、价值观和行为等。个人对自己的生理的、社会的、心理的种种意识也是密切联系在一起的,并且是互相影响的。心理自我是与社会自我同时形成和发展起来的,这也构成了每个人独特的自我的形式和内容。

2. 根据自我认识中的自我观念进行划分

根据自我认识中的自我观念来划分,自我意识又可分为现实自我、投射自我和理想自我。

(1) 现实自我,也称为现实我,是个人从自己的立场出发对现实中的自我的认识。

(2) 投射自我,是个人想象他人对自己的认识,如想象别人心目中自己的形象,想象他人对自己的评价以及由此产生的自我感,因此投射自我又称为镜中自我。现实自我与投射自我不一定是相同的,两者之间可能会有距离。当这个距离加大时,个体就会觉得自己不为别人所理解,因而容易与他人产生隔阂,甚至发生冲突。

(3) 理想自我,也称为理想我,是个人对将来自我的构想,如个人将来的生活目标、抱负、成就,以及自己想成为一个什么样的人等。理想我是个人追求的目标,不一定与现实自我一致。但理想我对个人的认识、情绪和行为影响很大,是个人活动的动力和参照系。

图 3-1 自我意识的两种划分

(四) 自我意识的形成

个体的自我意识不是与生俱来的,而是在后天的社会交往过程中,随着语言和思维的发展而发展起来的。自我意识的发展要经历以下三个时期。

1. 自我意识发生期

生命之初的个体并没有意识,他们还不能将自己同外界的事物区别开来。一般在 8 个月左右,婴儿生理自我开始萌生,这是自我意识的最初状态。大约 1 岁,婴儿逐渐学会用名字来称呼自己。2 岁左右的幼儿,逐渐学会用第一人称代词"我"来代表自己,这标志着儿童自我意识的重大飞跃,因为能用"我"来称呼自己,表明幼儿已经能够把自己从周围事物中区分出来。3 岁左右的幼儿,开始出现羞耻感、占有心,要求自主。这一时期的幼儿,其行为往往以自我为中心,即以自己的身体为中心,由自己的想法和情感来认识和投射外部世界,因此这一时期被认为是生理自我时期。

2. 自我意识发展期

从3岁到青春期这段时间,是个体自我意识发展的时期。这一时期,个体身心发展迅速而又不平衡,是经历复杂发展又充满矛盾的时期,因此这一时期也被称为困难期或危机期。这一时期的个体因为接受社会教化、习得各种社会规范、受社会化影响较深,在不同的社会关系中逐步形成各种角色观念,逐步意识到自己与他人的关系,明确自己的作用与地位,并学会有意识地调节自己的行为。个体开始积极地关注自己的内心世界,但是不了解情绪是自己的主观感受,不能从自己的主观意识出发去认识世界。在这一时期,个体主要利用别人的观点去评价事物、认识他人,对自己的认识和评价也服从于权威和同伴。因此个体的自我意识在这一时期的发展被称为"社会自我"的发展阶段。

3. 自我意识成熟期

从青春期到青年期后大约10年的时间,是自我意识迅速发展并趋向成熟的阶段。这一时期对自我的认识包括三种成分:一是认识成分,即对自己的个性品质特征和独特性的认知;二是情感成分,即对自身品质的评价及通过自我评价而产生的自尊体验;三是品行成分,即由认识成分和情感成分而派生出来的对自己行为的实际态度。这一时期个体对自己的认识和评价不再完全依赖他人,在看法和行为上带有浓厚的自主色彩,强调自我的价值与理想。一般来说,这一时期的自我意识发展会出现特别明显的分化、矛盾和统一的过程,但每一次分化和统一都使青年的自我意识不断走向成熟。

课堂活动

他人眼中的我、自己眼中的我以及理想的我

请根据自己的推测和感觉,在下表中写出"父亲眼中的我""母亲眼中的我""好朋友眼中的我""自己眼中的我"和"理想的我"。比较一下,周围的人对你的认识是否一致。别人对你的认识与你对自己的认识是否一致。每个人对你的评价是否客观。根据上述比较,你综合大家的看法和自己的认识,形成一个对自己较为客观和完整的认识。

认识自我

父亲眼中的我	
母亲眼中的我	
好朋友眼中的我	
自己眼中的我	
理想的我	

二、大学生自我意识发展的特点

(一) 大学生自我认知的特点

主观自我对客观自我通过感觉、知觉、表象而产生自我感觉、自我观察,也可以通过分析、判断、比较等高级思维活动形成自我分析和自我评价。这个自我认识的意识过程就是自我概念形成并完善的过程,此过程能明确告诉个体"我是谁"。大学生的自我认知具有以下3个特点。

1. 深刻性

大学生在描绘自我形象时,使用分析性的描述,而不像中学生那样使用整体性描述。这种分析一般能深入剖析个人的内心世界、情绪体验、思想动机、意志特征与理想愿望,展示自我形象的深刻性,如用"沙漠里的一粒沙"来描述自己。

2. 社会性

大学生自我评价的能力与中学生相比明显提高,能较全面、客观和主动地从动机、理想、品德等方面进行自我评价,在与他人的比较中观察自己、分析自己,这表明大学生自我形象社会性更强。

3. 概括性

大学生对自我形象的评价已从外部的、具体的、偶然的特征,发展到用概括性的词语或方式来描述自己经常出现的综合心理特征,如用"富有个性""洒脱不羁"等来形容自我。说明大学生自我形象的概括水平有了明显的提高。

(二)大学生自我体验的特点

在自我认知的基础上所表现出来的情绪体验,既可以是正面的情绪体验,如接纳、肯定、自尊、优越感等,也可以是负面的情绪体验,如不满意、否定、自卑等。这个过程使人们了解到客观自我是否让主观自我感到满意,回答"我怎么样?"的问题。大学生的自我体验有以下三个特点。

1. 丰富性

大学生是"最善感"的一个年龄段或群体。他们有肯定的和否定的自我体验(如喜欢自己还是讨厌自己,满意自己还是不满意自己等),也有积极的和消极的自我体验(如喜悦还是忧愁,趣味无穷还是乏味无聊等),还有紧张和放松、敏感和迟钝等自我体验。一般来说,大学生自我体验的情绪情感基调是积极的、健康的。

2. 波动性

大学生自我体验有一定程度的波动性,主要表现为当事情进展顺利时,会产生积极肯定的情绪体验,甚至得意扬扬、忘乎所以;当遇到挫折时,就会产生消极、否定的情绪体验,甚至自暴自弃、悲观失望。

3. 敏感性

大学生对涉及"我"的、与"我"相联系的一切事物都非常敏感,特别是在与异性的接触中更常常出现情绪波动。在行为与自我形象的塑造上,他们往往触景生情,通过想象抒发自己的灵感或生活的体验,因而在描述中经常带有一些感慨和遐想等。这种情况在大学生的日记通信、诗文中是很容易看到的。

(三) 大学生自我控制的特点

自我控制是自我心理层面中的意志方面,表现为个体对自我的认知、情绪、动机和行为有一定控制能力,使用各种手段和方法,比如自我监督、自我塑造和自我克制等,来克服外部障碍和内部阻力,使之有利于设定目标的实现。这个过程体现了人作为行为主体的主观能动性。大学生的自我控制主要有自觉性和独立性两个特点。

1. 自觉性

大学生自我控制的自觉性体现在,随着知识的积累和生活阅历的增加,他们能够根据别人的评价和自己的行为结果进行反省,及时调整自己的行为以适应目标实现的要求。大学生自我评价的自觉性来源于社会责任感、成就目标的决心、生活的价值定向和意志的锤炼,而外部直接诱因的作用则相对减少。这说明大学生行为的自觉性和自我控制能力明显增强,盲目性和冲动性逐渐减少。

2. 独立性

大学生自我控制的独立性也有所增强。在他们心目中,"我"的形象已经改变,变成了一个既担负着历史使命,又有着一定知识、才能的大学生形象。他们的"成年人感"变得特别强烈。因而,在自我意识的发展中,他们强烈要求独立和自治,希望摆脱依赖和管束。

延伸阅读

小蜗牛的壳

小蜗牛问妈妈:"为什么我们从生下来,就要背负这个又硬又重的壳呢?"妈妈回答:"因为我们的身体没有骨骼的支撑,只能爬但又爬不快。所以需要这个壳的保护!"小蜗牛又问:"毛毛虫姐姐没有骨头,也爬不快。为什么她却不用背这个又硬又重的壳呢?"妈妈回答:"因为毛毛虫姐姐能变成蝴蝶,天空会保护她。"小蜗牛继续问道:"可是蚯蚓弟弟也没骨头,也不会变成蝴蝶,他为什么不背这个又硬又重的壳呢?"妈妈回答:"因为蚯蚓弟弟会钻地,大地会保护他。"小蜗牛哭了起来:"我们好可怜,天空不保护我们,大地也不保护我们。"蜗牛妈妈安慰他:"所以我们有壳啊!我们不靠天,也不靠地。我们靠自己。"

古人云:苦瓜苦蒂,物不完美。这个世界上没有十全十美的东西,同样地,也没有精灵神通的完人。一个心理健康的人应该懂得悦纳自己,接受自己的缺点,并在此基础上积极地发挥自己的优点。如果一个人总是对自己的缺点耿耿于怀,那么他就无法充分施展自己所长从而获得精彩人生。

三、大学生自我意识的塑造

课堂活动

假如我是……

全班每 10 人分为一组,每位同学填写下列句子:

1. 假如我是一朵花,我希望是_____,因为_____。
2. 假如我是一种动物,我希望是_____,因为_____。
3. 假如我是一种乐器,我希望是_____,因为_____。
4. 假如我是一种水果,我希望是_____,因为_____。
5. 假如我是一种颜色,我希望是_____,因为_____。
6. 假如我是一种交通工具,我希望是_____,因为_____。
7. 假如我是一棵树,我希望是_____,因为_____。

填完之后,请在小组内进行互动。

1. 每位同学念出自己填写的 7 句"假如我是……"。
2. 分享自己在填写过程中的感受和感悟,避免对他人进行评价。
3. 邀请部分同学进行全班分享。鼓励大家进行分享,对同学所分享的内容不做好与坏的评价,也不做类型的判断,重点在于引导同学与自己的内心进行联结,自由表达内心的感受和感悟。

(一) 大学生自我意识的偏差

大学生的心理尚未完全成熟,其自我意识还在不断地发展变化,容易出现各种意识偏差,从而阻碍良好自我意识的形成。大学生群体中出现的自我意识偏差主要有以下四种类型。

1. 自我否定型

这类学生主要表现为对现实自我评价过低,理想自我与现实自我之间有较大差距,而这种差距往往很难通过努力去实现,或是想通过简单的努力实现,却一再遇到困难挫折,从而灰心丧气、悲观失望,所以这类学生在心理上经常处于一种消极防卫状态。有的大学生常常自我安慰、原谅自己,或通过放弃理想自我、迁就现实自我来求得自我意识的统一,结果往往令其更加缺乏自信、更加自卑,更加不能正确对待理想自我与现实自我的差距,整日沉浸在理想自我的幻想中,在理想自我与现实自我的落差中郁郁寡欢。

2. 自我扩张型

与自我否定型相反,自我扩张型的学生会高估现实自我,形成虚妄的判断,建立一个不切实际的甚至错误的理想自我,并认为实现理想自我轻而易举。对这类学生而言,其理想自我与现实自我的统一是虚假的。如有的学生常以幻想的我替代真实的我,自认为与众不同;有的学生常常自吹自擂、目中无人、盲目自傲、爱慕虚荣、防卫意识过强、心理容易扭曲;个别学生还可能用不正当手段去求得个人欲望的满足,用违反社会道德规范甚至违法犯罪的手段来谋求理想自我与现实自我的统一。

3. 自我萎缩型

这类学生的主要特点是自我统一比较困难,表现为理想自我极度缺乏或丧失,对现实自我又深感不满。他们往往认为理想自我难以实现,甚至永远无法实现。他们要么放弃对理想自我的追求,得过且过,极度放任;要么玩世不恭、自怨自艾、自暴自弃,出现自我拒绝心理,甚至出现理想自我与现实自我的对抗,产生心理异常,最终向更严重的心理与行为问题发展,重者可产生精神分裂症或因绝望而轻生。

4. 自我矛盾型

这类学生表现为理想自我与现实自我无法协调,无法转变成一个新的自我。其自我意识冲突强度大,持续时间长,自我认识、自我体验、自我控制缺乏稳定性和确定性,因而新的自我无从统一,积极的自我难以产生。

(二) 大学生自我意识的调适

1. 正确地认识自我

一个人如果能够对自己有一个全面、正确的评价,就能够扬长避短,根据自己的实际情况,选择相应的目标而为之努力奋斗。

（1）多方面、多途径地了解自我

在日常生活中,我们对于自己的判断和理解,往往较多依赖于小范围内的社会比较和别人对自己的评价。而实际上这样形成的自我概念有很大的局限性,无助于人们适应更大的生活范围。许多学生在中学阶段都是佼佼者,可是进入"群英会"的大学后就很容易淹没在人群中,这时他们常常会迷失自我。

大学生要多方面、多途径地了解自己;既要从目前的生活环境,又要从自己的整个生活经验了解自己,既要了解别人对自己的评价、自己与别人的差别,又要了解自己成长变化的过程,逐渐形成清晰的自我认识;既要了解自己的能力、身体特征,又要了解自己的性格、品德,以便对自己有一个全面的认识。

（2）客观真实地面对自我

心理学研究证明,人们对于周围世界的信息选择和理解都受到需要倾向的制约。在日常生活中,一种途径反馈的信息,往往需要从其他途径得到验证,特别当人们并不直接表达真实想法,甚至口是心非的时候。如果轻易相信,并成为一种倾向,而对他人对自己的批评或改进建议置之不理,那么自我概念就会越来越脱离真实自我。

(3) 寻找正确的参照系

他人是反映自我的镜子,是用于自我认识的重要参照物。与他人交往是获得自我认识的主要来源,大学生可以通过与同学比较,找出自己的位置。但是这种比较往往带有浓厚的主观色彩,所以应注意采用正确的参照系,比如更多关注后天主观的努力,更少强调不可改变的先天的客观条件。古人云:"吾日三省吾身",以自身为坐标,不断自我反省,也是认识自我很好的途径。

2. 愉快地接纳自我

(1) 无条件接纳自我

我们要无条件地接受并宽容对待自己的一切,包括优点和缺点、成功和失败。就像结婚誓言"无论是好是坏、富裕贫穷,还是健康,都彼此相爱、珍惜,直到死亡将我们分开"。我们首先要对自己不抛弃、不放弃。试想一个人,如果自己都不爱自己,又怎能期望别人来爱他呢?

(2) 相信"瑕不掩瑜"

古人云:"金无足赤,人无完人。"接纳自己的不完美和失败,是自信的表现,也是自我完善的起点。努力发现自己的"闪光点",肯定自己的价值,对自己充满自信心和自豪感,形成接纳自我的推动力。

(3) 运用积极的自我暗示

为了避免自尊心受到伤害,不妨采用一些策略性的自我暗示,如向下比较(比上不足,比下有余)、选择性遗忘(记住成功经历,淡忘失败经历)、自我照顾归因(将成功因于自己的努力和能力,将失败归结于自己的不努力和运气不佳)等。

3. 有效地控制自我

塑造自我、超越自我是一个不断实践的过程,有效地控制自我是塑造自我与超越自我的根本途径。

(1) 确定努力方向

大学生在追求理想、塑造自我的过程中,应根据社会需要和自己的特点确定努力的方向,将远大理想分解成符合实际的、经过努力可以实现的子目标,将长远目标与阶段目标结合起来,循序渐进、逐步加以实现。排除大而无当、好高骛远的想法,对切实可行的目标、力所能及的事情要认认真真去完成,把塑造自我、超越自我的意识贯彻到每一个具体的行动中,集中精力,从一点一滴的小事做起。

(2) 要增强自信心

每个人在学习、工作和生活中不可能总是一帆风顺的。自信心是指个体相信自己能力的一种自我意识倾向,增强自信心可以使人们最大限度地发挥聪明才智,激励自己不断奋进。

(3) 增强自制力

自制力是指一个人自觉地调控和控制自己行为的品质,自我调控是自我意识在意志中的表现,是有明确目标的实际行动与环境相互作用的过程。自制力强的人能够理智地对待周围发生的事件,有意识地调控自己的思想和情绪,约束自己的行为,成为驾驭现实的主人。

4. 不断地超越自我

超越自我是人生的崇高境界。只有超越自我,才能找到人生的真正价值。正如一位名人所说:"每一次人生的关键时刻,每一次大大小小的抉择,其实都是一个能不能自我战胜、自我超越的过程。"

(1) 建立适当的抱负水平

大学生往往不能正视自我，不愿降低自己的抱负水平，而生活中的一些挫折常常是由不切合实际的成就欲望导致的。最为适当的抱负水平，应当是选择既有适度把握，又有适度冒险的目标。如果不考虑胜任的把握，一味冒险，就会经常遇到挫折，既白白耗费精力，又给自我认识带来消极影响；如果一味求稳，而不愿意承担一点风险，则可能错过许多发展机会，使自己总在原有水平上徘徊。适当的抱负水平，还能避免大学生因盲目与他人攀比、竞争，而使自己终日生活在紧张状态中，心理承受过大的压力。

(2) 小步子，大飞跃

古人云："不积跬步，无以至千里；不积小流，无以成江海。"我们可能无法一次就直接达成目标，但可以将目标分解为一个个小目标，每达到一个小目标后，就得到了一次自我肯定。要知道，做一个高尚的人较难，我们每一步付出，就是向高尚前进了一步。在任何时候，都不要说"不会"，要永远说"OK"。人的潜力是惊人的，每一位大学生都要相信自己拥有无穷潜力。

(3) 注重陶冶性情，保持积极的情绪

健康和积极的情绪能使个体保持适当的紧张和敏感度，这样才能在遇到挫折后尽快恢复自信，勇往直前。

(三) 自我意识评估的几种方法

自我意识评估是指运用相应的测评体系对自己的兴趣、特长、性格、学识、技能、智商、管理能力、协调能力、活动能力等进行测评。简而言之，就是通过科学手段分析自我、认识自我、了解自我。

1. 交谈法

交谈法是通过谈话直接了解自我的方法，一般有两种形式，一种是结构式访谈,另一种是非结构式访谈。结构式访谈由访问者按照预先制订的计划提出问题,希望从双方的交谈中得到自己所需的信息,从而更加准确地了解受访者。非结构式访谈法一般由研究者感兴趣的问题组成,与受访对象的交谈从某些有准备的问题开始,后面的问题取决于前面的话题,访问者可以随时根据谈话的内容进行提问。

2. 调查法

调查法是通过个体的有关资料,间接了解被调查个体心理活动的方法。调查法可以根据个体在成长过程中的言语和行动留下的痕迹,如日记、书信等来了解个体在活动中所体现的心理活动,也可以从个体对待人、物、自己的行为中进行评估,对一些事情的态度和处理方式,可以体现出个体的计划性、精确性、忍耐性、冲动性等性格品质,还可以采用问卷调查的方式,根据要了解的内容,要求教师、家长、同学等回答问卷,从中分析被调查个体的自我特征。

3. 自我测试法

自我测试法是被广泛采用的了解自我的方法,可以分为问卷法和投射法两种形式。问卷法是让测试者回答量表中一定数量的问题,据此评分,然后经过统计得出结论。这种方法极为简便,题目、记分、评分都经过标准化。投射法是在测试时,刺激测试者或向其提供一些无确定含义的图片,使其在无防御的状态下表露出较为真实的自我特点。

延伸阅读

乔韩窗口理论

美国心理学家约瑟夫·勒夫特(Joseph Luft)和哈林顿·英格拉

姆(Harrington Ingram)提出了一个关于自我认识的理论窗口,被称为乔韩窗口理论(Johari Window),如图所示。他们认为人对自己的认识是一个不断探索的过程,每个人的内心都有四块领域。

1. 公开的自我(见图中 A 区域),也就是透明真实的自我,这部分自我不仅自己了解,别人也了解。

2. 秘密的自我(见图中 B 区域),是自己了解、别人不了解的自我。

3. 盲目的自我(见图中 C 区域),是别人了解但自己却不了解的自我。

4. 未知的自我(见图中 D 区域),是别人不了解、自己也不了解的自我,需要一些契机才能将其激发出来。

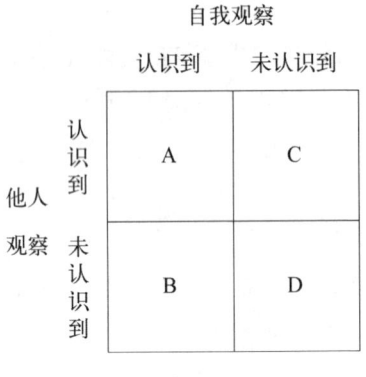

	自我观察	
	认识到	未认识到
他人观察 认识到	A	C
他人观察 未认识到	B	D

乔韩窗口

每个人的自我都是由这四部分构成,但比例各不相同。而且,随着人的成长及生活经历的变化,自我的四个部分也在发生着变化。当一个人自我的公开区扩大,则其生活变得更真实,无论与人交往还是独处,都会感到轻松愉快并充满活力;盲目区变小,人对自我的认识才会更清晰,在生活中更容易扬长避短,发挥自己的潜力。一个人在其成长过程中,通过自我开放促使公开区扩大,通过他人的反馈部分使部分秘密区、盲目区进入公开区,通过与他人分享秘密的自我和他人的反馈来减少盲目的自我。如此这般,个体对自己的了解就会更多,更客观。

课堂活动

我 是 谁

活动目标:

1. 帮助学生认识自己眼中的我及他人眼中的我。
2. 增进学生间彼此熟悉的程度,增加班级凝聚力。

活动程序:

1. 教师发给每位学生一张 A4 纸。
2. 学生两两分组(最好是找不熟悉的同学为搭档)。

(1) 教师宣布活动的规则为:"自我介绍者,在说了一个缺点后,就必须说一个优点"。

(2) 甲先向乙介绍"自己是一个什么样的人",乙在 A4 纸上记录甲所说之特质,历时 5 分钟。

(3) 5 分钟后,甲乙角色互换,由乙向甲自我介绍 5 分钟,甲做记录。

(4) 5 分钟后,教师请甲乙两人取回对方记录的纸张,在背面的右上角签上自己的名字。然后彼此分享做此活动的心得或感受,并讨论"介绍自己的优点与介绍自己的缺点,何者较为困难?为何会如此?自己使用哪些策略度过这 5 分钟?"两人中须有一人负责整理讨论结果。

3. 三或四个小组并为一大组,即每大组有 6~8 人。

(1) 两人小组中负责整理的人向其他人报告讨论结果。

(2) 分享后,教师请每位同学将其签名之 A4 纸(空白面朝上)传给右手边的同学。而拿到纸张的同学则根据其对该同学的观察和了解,于纸上写下"我欣赏你……因为……"。写完后依次向后转,直到签名纸张传回到本人手上。

(3) 每个人对其他组员分享他看到别人反馈后的感受与收获。

4. 全班同学回到原来的位置。

(1) 教师请志愿者或邀请一些同学分享此次活动的感想与收获。

(2) 教师说明了解"真实的我"与接纳"真实的我"的重要性。

延伸阅读

真正的自我从不会被弄丢[①]

"找回迷失的自我"并非正确的思考方式。

别把自己当成一张十美元的钞票,隐藏在去年冬天穿过的大衣口袋里。

你并没有迷失自己。

你真正的自我就在此处,

它被深深地埋藏起来了,在它之上覆盖着文化规训。

他人的界定,

还有你孩童时期得到的模糊的教训,

正是这些成为你对自己的认识。

"找回迷失的自我"其实就是回归自我,

未受教化的,等待你发觉的,如同一段模糊的回忆一般的自我,

在世界磨光你的棱角之前的自我。

---

① 资料来源:https://zhuanlan.zhihu.com/p/617857933。

推 荐 书 目

乔纳森·布朗,玛格丽特·布朗.自我(第2版)[M].王伟平,陈浩莺,译.北京:人民邮电出版社,2015.

第四章　管理情绪，拥有积极心态
——大学生情绪管理与心理健康

一、揭开面纱——情绪概述

丁香医生联合《中国青年报》共同发布的《2020中国大学生健康调查报告》指出，38%的大学生在过去一年曾被情绪问题所困扰；蓝皮书报告《2020年大学生心理健康现状与需求》一文中指出，大学生中18.5%有抑郁倾向，4.2%有抑郁高风险倾向，8.4%有焦虑倾向；2020年9月，国家卫健委发布了《探索抑郁症防治特色服务工作方案》，提出把抑郁症筛查纳入高中及高校学生的健康体检内容。可见情绪问题已经成为影响大学生健康的重要因素。了解情绪，科学地调控情绪，是大学生保持心理健康的关键点之一。

（一）情绪的概念

情绪，是对一系列主观认知经验的统称，是人对客观事物的态度体验以及相应的行为反应，它是内在感受和对外表现的统一。内在感受和对外表现通常同时产生，但我们首先从心理活动感知到自己情绪的变化，而别人则通过各种表情察觉到此类变化。

心理学上认为，情绪是多种感觉、思想和行为的综合产生的心理和生理状态。生活中我们常见的情绪反应，包括喜、怒、哀、乐、惧、爱等，也有一些细腻微妙的情绪，如嫉妒、惭愧、羞耻、自豪等。

1. 四种基本情绪

（1）喜，即快乐，是一种需求得到满足，现状达到预期的情绪反应，常见的成因包括感到健康和安全、获得充足的食物和睡眠、各类事项进展顺利等。快乐常见的表达方式是笑、拥抱。

（2）怒，即愤怒，当愿望受阻或无法实现，以及接收到他人遭遇的消息时所产生的一种紧张而不满的情绪，常见的成因包括受到污蔑和不公平对待、付出巨大却收效甚微等。愤怒常见的表达方式是咬牙握拳、言辞激烈。

（3）哀，即悲伤，通常因为挫败、分离、丧失而产生，常见的成因包括未能实现目标、绝交和失恋、亲人离世等。悲伤的常见表达方式是哭泣、意志消沉。

（4）惧，即恐惧，在面临危险、灾难或受到胁迫时产生的担惊受怕的一种情绪体验，常见的成因包括身陷债务危机、国家遭受战争等。恐惧常见的表达方式是心跳加速、不知所措。

2. 三种情绪状态

（1）心境，是一种微弱而持续的心理状态。它对人的影响是潜移默化的，这既体现在我们无需刻意去感受心境的变化，又体现在心境对人的影响是全面的。从时间的维度来看，心境短则几分钟，长则可达数年，这取决于我们所面对的事和不同人之间的性格差异。人群里的心境大多是积极的，推动着社会有序运行，但不少消极的心境，比如遭遇重大变故、灾害后留下的阴影等后遗症，会阻碍正常的生活生产。

（2）激情，是一种强烈的、短暂的、爆发性的情绪状态。在生活中还表现为常带有明显的外部行为。激情一般是对人具有重大意义的突发事件引起的，有时虽然事情不大，但因长期压抑，由于一些"微不足道"的小事情可以大发雷霆。比如,生气时拍案而起,高兴时手舞足蹈、喜极而泣等都属于激情。

(3) 应激,是一种意外或紧迫情况下引起的急速而高度紧张的情绪状态。例如,在地震时产生的那种情绪属于应激,因为人不能意料到地震什么时候来,当时心跳比较急速,而且处于紧张状态。对于应激有两种情况:当人遇到这种情况时,可以运用自己的力量与智慧做出有效行动,急中生智;另一种情况则是,人处于高度紧张,脑子可能空白,而不知道自己到底该怎么办,会慌乱。

(二) 情绪的功能

1. 引导和卷入

情绪提供了一种本能的认知,即对现状的"觉察反应"。情绪会吸引个体的注意力,并引导感知,将注意力集中在个人需要和愿望上。比如,走在路上的你沉浸于发呆时,突然听到鸣笛声,紧张和焦虑会立刻出现,你会意识到现在最重要的是后退几步,让车先通行。

2. 塑造意义

研究表明,情绪或许能将外界信息和心理表征结合在一起,起到"黏合剂"的作用。因脑损伤而无法产生情绪体验的个体,不能做出合理的判断或选择。因此,情绪也被称作控制思维的舵。

3. 激励

情绪是行为的驱动力,比如惊奇引起好奇心,促进探索行为,恐惧则通常引起逃跑或麻木。情绪对大学生学业和人际关系有着重要的影响,情绪积极乐观时,有助于人际交往,学习的效率也更高。反之,情绪抑郁、冷漠、过度焦虑或处在应激状态等都会影响大学生的社会行为,从而影响人际关系和学业。

4.促进交流和反馈

情绪是有效的信息,让个体能够更准确地预测他人的反应,也增加了彼此的情感联结和相互关切。通过情绪的表达,双方的沟通能更加同步与和谐,就像在跳一支双人舞。

5.健康功能

如果个体长期处于焦虑、紧张、易怒等情绪中,可能诱发身体的炎症。反之,良好的情绪有利于疾病的恢复。

课堂活动

音乐知我心

准备:一段约5～8分钟的音乐,如《命运》交响曲片段。

操作流程:

1.播放音乐之前,请学生闭上眼睛,把双手轻放在大腿上,请他们安静地欣赏音乐,并细心地感受在听音乐的时候,看到了什么,想到了什么,有什么情绪涌现。

2.播放音乐。

3.音乐结束后,邀请同学分享自己在听音乐时的感受(听到/看到/感到/想到了什么)。

音乐是一种对我们的大脑和心灵都能产生巨大影响力的艺术形式,从远古时期,它就和人类的情绪建立了联系。正如童伯章先生所说:"歌者之情与歌词协,觉音之高也,非音之高,我情之欲抒也,音之低也,非音之低,我情之欲敛也。其音其节,皆非以为歌,而所以写我情。"音乐的强弱、高低潜在地影响着我们情绪的波动起伏,作为一种重要的艺术表达与情感表达方式,音乐已被广泛应用于心理咨询和心理治疗当中。

(三) 情绪理论

1. 基本情绪论

基本情绪论以艾克曼(Paul Ekman)为代表,认为存在数种基本情绪,情绪只是由于刺激引发的行为反应与生理反应,进而导致的心理体验,从而启动某一特定的、离散的情绪结果。基本情绪集中体现了情绪的自然性和生物性,因为表达基本情绪的表情具有文化普适性,能够被不同语言或文化的人识别,比如愤怒时皱眉、快乐时微笑。从生理机制上来说,脑干负责产生情绪,皮层负责调节产生的情绪,具有情绪的决定权,情绪的产生与调节是独立的过程。

2. 情绪评价论

情绪评价论以拉扎勒斯(Richard S. Lazarus)为代表,认为情绪来自主体对事物意义的主观解释,是由事物或情境诱发的心理状态,通过对情境的意义分析,个体对特定事物或情境产生相应的情绪。基于情绪评价论,脑干和皮层拥有相对平等的决定权,共同决定情绪的最终状态。

3. 社会建构论

社会建构论以巴塔·梅斯基塔(Batja Mesquita)和布莱恩·帕金森(Brian Parkinson)为代表,认为情绪受社会因素制约,情绪的社会建构通过三个嵌入式情境完成:当下的互动情境,发展和进行中的关系,以及社会文化情境。比如,正在争吵的两人如果原本关系不好,或以后不会常见面,则争吵和愤怒情绪可能就会升级。

4. 心理建构论

心理建构论以巴瑞特(Lisa F. Barrett)和詹姆斯·拉塞尔(James A. Russell)为代表,认为情绪是个体对感知信号赋予意义的结果,这些信号并不局限于认知或文化环境,而是由各种心理元素以各种不同方式聚合而成。比如巴瑞特认为,人类接收信息的渠道来自身体外部刺激、对身体内部信号的感觉以及个体先前的知识经验。与社会建构论不同,情绪建构论重视语言对情绪的影响,如运用更丰富的情绪词汇,即有助于情绪的调控。

二、拨开迷雾——走近大学生情绪现状

(一) 大学生情绪的特点

与疾风骤雨的青少年期相比,成年前期(18～35岁)的负面情绪(如感到压抑或愤怒)会减少,逐步走向相对平静和成熟。对于刚刚步入成年前期的大学生而言,大学是进入社会的预备期和过渡期,遇到各种新鲜事物、社会化急剧加快以及人生的多种选择,面临着一系列新的重要的发展任务:学习深造、与形形色色的人建立人际关系、恋爱、就业等,加上社会大环境的诸多影响,大学生的心理素质开始受到严峻的挑战,开始经历各种复杂的情绪体验。大学生的情绪呈现以下典型特征。

1. 社会内容

大学生活的丰富多彩使得大学生的情绪活动对象扩大,情感体验不再局限于青少年时期的学习、家庭、朋友,而是扩展到了更为广阔的世界,大学生会遇到形形色色的人参与社会实践,萌生对爱情的向往和对事业的追求。由此,大学生产生了许多前所未有的情绪体验,包括带有社会内容的情感。

2. 波动性和两极性

大学生的情绪兴奋性仍然较高,情绪容易波动起伏,表现为会因一时成功而欣喜、激动不已,又会因一点挫折而垂头丧气、沮丧,呈

现情绪两极间的波动,有时还可能出现莫名其妙的情绪交替变化。

3. 情绪性孤独

虽然大学时会遇到很多新的人,上课、吃饭、回寝室都有人陪伴,但是研究发现,大学生尤其是大一新生很容易出现情绪性孤独,他们感到已经拥有的关系不够亲近和亲密,这是大学生在关系的情绪性"收支"上的赤字。

4. 延迟性和心境化

青少年的情绪反应来得快消失也快,大学生的情绪反应往往不会受外界环境刺激的改变而随即消失,表现为一定的延迟性,趋向心境化。情绪的心境化是大学生情绪的重要特点。

5. 掩饰性

大学生自尊心强,在环境不适宜时,他们常会把自己的情绪隐藏或掩饰起来,外在的表现和内在的体验并不一致,以保持在他人心目中的良好形象。但这无形中会影响与他人的交流,给人带来情感困惑。

6. 冲动性和爆发性

大学生敏感而富有激情,情绪一旦爆发,有时难以自控,可能做出冲动行为,比如面对人际矛盾与冲突、遭遇学业和生活挫折时,可能走向极端,甚至伤人伤己。

7. 矛盾性

大学生面临着人生的诸多机遇和选择,经常体会到纠结和矛盾,比如既想独立又想依赖、既希望被他人理解又不愿接受他人关心的矛盾等。

(二) 大学生常见的情绪困扰

研究发现,大学生在日常生活中经常产生的积极情绪有高兴、自豪、兴奋等,而常见的消极情绪为伤心、焦虑和愤怒等,产生消极情绪的情境多为"无法完成学习任务(挂科)""没能获得比赛名次""不被他人认可""遭遇意外事件""与他人相处不愉快"等[①]。

1. 焦虑情绪

大学的生活无疑是美好的,人生中最美好的年华都挥洒在这个阶段,但是焦虑也时常伴随在大学生的身边,避之不及,又难以克服。焦虑情绪是指因遭受心理冲突或挫折而引起的复杂的情绪反应,通常表现为紧张、压抑、忧虑、烦躁、恐惧、焦急、苦恼、易怒、暴躁、冲动等非理性的复合性负性情绪。大学生常见的焦虑有如下三类。

(1) 学业和考试焦虑。对自己所学专业不了解或不感兴趣,加之大学的教学内容多、信息量大、课程多,与中学的教学方式完全不同,这让很多学生迷失了方向。同时,因为不了解自己学习的要点,一些学生课后感到紧张。特别是在学期末考试前,焦虑情绪达到了顶峰。考试焦虑是一种受个体认知评估能力、个性倾向等身心因素影响的心理状态,表现为担忧、保护或逃避等行为。

(2) 考研和就业焦虑。大学生到了大三、大四阶段就可能面临考研和就业的焦虑。首先是如何选择的焦虑,到底是考研好还是就业好,不仅难以选择,更是担忧选择的道路的正确性;其次是考研和就业本身的焦虑,近年来大学生就业形势日趋严峻,考研的竞争也越发激烈,这两条道路无论选择哪一条,都充满着艰难险阻,面对重重困难,以及对未来充满了太多的不确定性和无力感,进而导致过分焦虑情绪的产生。

(3) 人际焦虑。人际关系也俨然成为不少大学生的一大焦虑

---

① 张少华,桑标,刘影.大学生日常情绪调节问卷的编制及其信效度检验.中国临床心理学杂志[J].2020,28(3):471.

来源,一方面是缺乏社交技能所带来的人际交往焦虑,另一方面是对自己被孤立的担忧,仅仅是和宿舍同学之间和谐相处,都可能是一项大的挑战。同时,恋爱也是大学生面对的人生课题之一,在此过程中,很多大学生可能会经历情感焦虑,这多是由于恋爱受挫而引发的自我否定,认为自己不具备爱人和被爱的能力,因而过度担心,引发焦虑。

2. 抑郁情绪

近年来,随着抑郁症患者的比例日益增高,"抑郁症"这一名词引起了越来越多的关注。抑郁症主要表现为显著而持久的心境低落,临床可见心境低落与其处境不相称,情绪的消沉可以从闷闷不乐到悲痛欲绝,自卑抑郁,甚至悲观厌世,可有自杀企图或行为,需要进行专业的治疗。

抑郁症是一种临床病症,而这里重点讨论的是抑郁情绪。不同于抑郁症,抑郁情绪是每个人都可能出现的一种情绪状态,通常是因为某些因素而产生的心境上的异常低落,是由不愉快的负性情绪累积所导致的情绪状态,它持续的时间相对短暂,经过一段时间的调整可以自愈。但是,如果不对抑郁情绪加以调控,则可能导致抑郁症的发生。

大学生抑郁情绪的产生与诸多因素都有较为密切的关系,比如个体的个性、家庭教养方式、成长经历、经济状况、大学适应状况(如专业兴趣、异地想家)、就业前景、社会环境等。特别值得注意的是,有一系列的研究结果表明,就业压力与大学生的抑郁情绪息息相关,大学生对就业期望值过高、对就业采取消极的应对方式等,会影响抑郁情绪[①]。另外,网络和手机成瘾也是重要的影响因

---

① 赵立娜.大学生抑郁情绪产生的社会影响因素的综述及对策研究.教育研究[J].2020,3(2):64-66.

素之一。有研究发现,大学生的抑郁情绪与网瘾有关,每天上网时间在 13 小时以上的大学生抑郁得分最高,每天上网的时间越长,抑郁情绪的程度就越高;手机依赖也是大学生抑郁症状的风险因素,可以通过社会支持来调节手机依赖引起的抑郁症状。

课堂活动

抑郁量表自评[流调中心用抑郁量表(CES-D)[①]]

指导语:下面是对您可能存在的或最近有过的感受的描述,请告诉我最近一周来您出现这种感受的频度。请在每一陈述前标明相应的数值,这些数值的意义如下:偶尔或无(少于 1 天)=1,有时(1~2 天)=2,时常或一半时间(3~4 天)=3,多数时间或持续(5~7 天)=4

题 目	偶尔或无 (少于1天)	有时 (1~2天)	时常或 一半时间 (3~4天)	多数时间 或持续 (5~7天)
1. 我最近烦一些原来不烦心的事。	1	2	3	4
2. 我不想吃东西,胃口不好。	1	2	3	4
3. 我觉得沮丧,即便有爱人或朋友帮助也不管用。	1	2	3	4
4. 我觉得自己不比别人差。(R)	1	2	3	4
5. 我不能集中精力做事。	1	2	3	4
6. 我感到消沉。	1	2	3	4
7. 我感到做每件事都费力。	1	2	3	4

---

① 章婕,等.流调中心抑郁量表全国城市常模的建立.中国心理卫生杂志[J].2010. 24(2): 141.

续 表

题 目	偶尔或无 (少于1天)	有时 (1~2天)	时常或 一半时间 (3~4天)	多数时间 或持续 (5~7天)
8. 我感到未来有希望。(R)	1	2	3	4
9. 我认为我一直以来都很失败。	1	2	3	4
10. 我感到害怕。	1	2	3	4
11. 我睡不安稳。	1	2	3	4
12. 我感到快乐。(R)	1	2	3	4
13. 我讲话比平时少。	1	2	3	4
14. 我觉得孤独。	1	2	3	4
15. 我觉得人们对我不友好。	1	2	3	4
16. 我生活愉快。(R)	1	2	3	4
17. 我哭过或想哭。	1	2	3	4
18. 我感到悲伤难过。	1	2	3	4
19. 我觉得别人不喜欢我。	1	2	3	4
20. 我提不起劲来做事。	1	2	3	4

注：1. CES-D按过去一周内出现相应情况或感觉的频度评定：不足1天者为"没有或基本没有"，评分为0分；1~2天为"有时"，评分为1分；3~4天为"时常或一半时间"，评分为2分；5~7天为"多数时间或持续"，评分为3分。

2. R表示该条目为反序记分，即"没有或基本没有"记3分，"有时"记2分，"时常或一半时间"记1分，"多数时间或持续"记0分。

3. 将上述20个项目的得分相加，如果总分＜10分，则无抑郁症状；若总分＞20分，建议寻求专业帮助。

(三)"情绪内耗"的泥潭

"emo""我太难了"……很多大学生将这些词挂在嘴边,常常感到莫名心情低落、焦虑、失望、空虚、自我否定，这些都是精神内耗的表现。情绪内耗又叫心理内耗，它是指人在自我控制时，需要消耗的心理资源不足，从而产生的损耗感和疲惫感。陷入精神内耗泥潭的个体常常处于非常悲观的状态，比如他一天什么也没干，却觉得身心疲惫，总是胡思乱想，过度解读他人的言语，自己纠结、拧巴、内心戏多，不断自我否定，以致焦虑、倦怠乃至颓废，甚至对身体产生诸如无力、失眠等不良影响。

造成大学生情绪内耗的原因主要包括：

（1）负面想法较多。期待与现实的落差成为内耗最大的源头之一。大学生自己给自己施压，觉得自己不够完美，不断否认自己。比如，我不够好、我不优秀、我害怕被抛弃、被人瞧不起、不被爱……这些想法和情绪，会深深地影响个体的行为处事以及和他人的关系。

（2）控制不住情绪。没有正确认识自己的情绪，总是因为外界的因素影响自己的情绪。比如，家庭原因、社会工作原因、生活环境等都可能成为情绪的爆发点。

（3）拖延症。由目标和内心的需求而产生的矛盾，自己想要做的和自己真正做到的不一致而导致落差。人们总想让自己变得更好，如减少熬夜、锻炼身体等，但往往因为无法坚持或者拖延而没能达成。

三、走出阴霾——科学管理消极情绪

（一）情绪管理的概念

情绪管理是指通过研究个体和群体对自身情绪和他人情绪的认知、协调、引导、互助和控制，充分挖掘和培植个体和群体的情商、培养驾驭情绪的能力,从而确保个体和群体保持良好的情绪状态,并由此产生良好的管理效果。这个名词最先由戈尔曼(Daniel Goleman)提出,认为这是一种善于掌控自我,善于调节情绪,对生活中的矛盾和事件引起的反应能适可而止做出排解,能以乐观的态度、幽默的情趣及时地缓解紧张的心理状态。

(二)情绪管理的基础:识别情绪

情商是识别、理解、表达、调节和明智地运用情绪的能力,它与更健康的心理、更令人满意的人际关系、更大的职业成功和更强的幸福感有关。而高情商的基础就是能够识别和理解情绪,这种情绪的自我觉察能力,让个体能更了解自己,同时使得心理更富有弹性,能够从挫折中快速复原。

提高情绪的自我觉察能力,可以尝试区分不同情绪的细微差别,提高情绪颗粒度,丰富表达情绪的词汇,准确识别和命名自身的情绪状态。"情绪颗粒度"的概念,最早由神经科学家巴瑞特提出,是指个体在情感体验和描述上的差异,以及把相似的情感体验区分得更加细致的能力。情绪颗粒度越细,辨别情绪的能力越强,反之越弱。比如高情绪颗粒度的个体,能精确地、细微地区分生气、愤怒、恼怒、暴怒等密切相关的情绪,区分了其中的不同差别,就能找到对应的办法,缓解自己的负面情绪。大量研究表明,能够精细区分不愉快情感的人,其灵活度提高了 30%,比如受到他人伤害时,他们很少会主动报复。

从脑科学的角度来说,把感觉用语言表达出来会减弱杏仁核对负面情绪刺激的反应,进而降低个体的情绪反应性,同时可以激活负责控制冲动和情绪反应的脑区(前额叶皮层),负责集中注意力的脑区(前额叶皮层和顶叶皮层),参与计划、推理和其他高级大脑功能的脑区(前额叶皮层),从而让个体能够更理性地面对问题,而不是被情绪的大潮淹没。

课堂活动

情绪接龙

操作流程:分小组依次接龙,说出表示情绪的词语,不可重复,超过 30 秒没有说出来,则该组接龙失败。

快乐:_____

愤怒:_____

悲伤:_____

恐惧:_____

延伸阅读

情绪词汇

高兴、愉快、兴奋、好受、舒服、开心、快乐、舒畅、快活、幸福、满意、庆幸、痛快、舒坦、爽快、甜蜜、甜丝丝、喜出望外、喜悦、喜滋滋、心花怒放、心旷神怡、快意、畅快

愤慨、愤怒、生气、恼火、气愤、愤恨、震怒、盛怒、激愤、恼怒

仇恨、敌视、妒忌、嫉妒、反感、可恨、可恶、厌恶、憎恨、抱恨、可憎、痛恨、痛恶

悲哀、悲伤、沉痛、伤感、伤心、痛苦、痛心、心酸、忧伤、抱屈、委屈、哀伤、悲苦、悲辛、悲痛、辛酸、哀戚、哀痛、悲怆、惨苦、苦涩、凄惨、酸楚、痛心疾首、辛酸

沮丧、灰心、失望、失落感、无望、心寒

孤单、孤独、孤立、寂寞、冷清

低沉、低落、消沉、心灰意懒、心灰意冷、灰心丧气、意志消沉、气

馁、丧气、惆怅、颓废、颓靡、颓丧、萎靡

胆怯、发怵、害怕、惊吓、恐怖、恐惧、惧怕、受惊、心有余悸、诚惶诚恐、惶惶、不安、惶惑、惊恐、惊慌、畏惧、畏怯、心惊胆战、心惊肉跳

担心、担忧、发愁、犯愁、忧虑、忧郁、忧愁、苦恼、压抑、郁闷、苦闷、烦闷

浮躁、急切、迫切、急躁、焦急、着急、焦虑、心急、心急火燎、心急如焚、心切、发慌、恐慌、慌张、心慌意乱、烦躁

别扭、不快、不爽、烦闷、难受、窝火、窝囊、心烦、厌烦

不好意思、害羞、惭愧、丢脸、丢人、丢丑、难为情、亏心、愧疚、腼腆、难堪、难看、怕羞、害臊、羞耻、过意不去、内疚、后悔、歉疚、懊恼、抱憾

吃惊、好奇、惊讶、震惊、诧异、愕然、惊异、惊疑

怀疑、疑惑、可疑、困惑、迷茫、为难、无所适从、迷惘、彷徨、疑忌、迷惑

与笼统的"感觉棒极了"和"感觉糟糕透了"相比，上面列举的许多情绪词汇，能对微妙的情绪感受做出更具特异性的区分，以此为基础，大脑在预测、分类和感知情绪时，就有更多的选择，帮助个体做出更灵活和有效的反应，以更好地适应周围的环境。事实上，大学生还可以通过读书（包括读一些自己不喜欢的书籍）、旅行、看电影、学习外语中的情绪词汇等方法，积极地学习新的情绪词汇，甚至可以创造自己独属的情绪词汇，提高情绪能力的关键就是学习新的情绪词汇，并准确地应用已掌握的词汇。

（三）情绪管理的"转移—表达—改变"三法

1. 注意转移法

有调查结果显示，注意转移是大学生最主要的情绪调控方式。

注意转移是控制情绪的基本方法,个体可以有意识地将注意力从当前对象转至其他对象,从而使情绪得到调节。如当遇到不愉快的事时,可以将注意力转移到呼吸上,运用呼吸放松法来调控情绪,也可以听听音乐、看看小说或影视剧、与朋友散步、欣赏绿植,或做些其他自己感兴趣的事情。

与之相关的,还可以改变所处的位置和环境,比如暂时离开让自己愤怒的环境,这有助于个体恢复冷静和进入理性的思考,从而避免被不良情绪吞噬。在越战期间,15%的美国士兵吸食海洛因成瘾,当他们返回故乡后,95%的人在回国第一年戒掉了毒瘾,环境的改变减少了他们对毒品的渴望。

延伸阅读

爱地巴老人的故事

有一个经典的故事,在古老的西藏。有一个叫爱地巴的人,每次生气和人起争执的时候,就以很快的速度跑回家去,绕着自己的房子和土地跑3圈,然后坐在田地边喘气。爱地巴勤劳地工作,他的房子越来越大,土地也越来越广,但不管房子和土地有多大,只要与人争论生气,他还是会绕着房子和土地跑3圈。爱地巴为何每次生气都绕着房子和土地跑3圈?所有认识他的人,心里都起疑惑,但是不管怎么问他,爱地巴都不愿意说明。

直到有一天,他的孙子问他:"阿公,您可不可以告诉我这个秘密,为什么您一生气就要绕着土地跑上3圈?"爱地巴禁不住孙子恳求,终于说出隐藏在心中多年的秘密。他说:"年轻时,我和人吵架、争论、生气,就绕着房地跑3圈,边跑边想,我的房子这么小,土地这么小,我哪有时间、哪有资格去跟人家生气,一想到这里,气就消了,于是就把所有时间用来努力工作。"孙子接着问:"阿公,你年纪老,又变成最富有的人,为什么还要绕着房地跑?"爱地巴笑着说:"我现在还是会生气,生气时绕着房地走 3 圈,边走边想,我的房子这么大,土地这么多,我又何必跟人计较?一想到这,气也消了。"

思考:听完这个故事,你有什么启发?

2. 合理表达法

情绪表达是一门学问,也是一种艺术,表达时要掌控得恰到好处,做到合理表达情绪。

首先,察觉自己和他人的情绪。只有先察觉自己的各种情绪,才能精确传达出自己的感受。同时,还要进一步做到察觉他人的情绪,从细微处察觉识别他人的情绪,才能设身处地站在别人的立场,为别人设想。

其次,从行为层面来说,应适时适当表达情绪。个体通常采用表达宣泄和表达抑制两种策略来调节自身情绪,表达宣泄指个体在外在行为(尤其是面部表情)上尽力表露体验,即喜怒形于色,而表达抑制指个体在外在行为上尽力隐藏内在情绪体验。大学生可以通过表达宣泄的方式,合理地释放情绪,比如直接与人倾诉或写日记间接倾诉、高喊、哭泣等。但是,在表达情绪时我们还要考虑情境因素,并非任何情境都适合采用表达宣泄的方法。研究发现,大学生若能根据情境的不同需求而灵活地使用表达宣泄和表达抑制,即情绪表达灵活性越高,则焦虑的症状越少[1]。比如,当个体在一个严肃的场合时,宣泄积极情绪反而被认为不合适,抑制积极情绪反而更合适。

---

[1] 赵少华,等.大学生情绪表达灵活性问卷的编制及其信效度检验.中国临床心理学[J].2022,30(2):318-319.

特别提示一点,对于大学生来说,表达性写作是管理情绪、保持心理健康的有效方法。有研究发现,人们在20分钟的表达性写作中把自己的感受用语言表达出来后,功能性磁共振成像扫描结果显示,这种标记情绪的做法有助于将情绪与其他功能整合到一起,调节社会情绪的脑区(右腹外侧前额叶皮层)的神经活动增加,同时,杏仁核(处理恐惧和焦虑的指挥中心)的神经活动减少,参与者表示对生活的满意度有所提高,焦虑和抑郁程度有所降低。因此,大学生若能坚持书写情绪日记,对于情绪健康将大有裨益。

3. 改变认知法

美国心理学家沙赫特(Stanley Schachter)、辛格(Jerome E. Singer)及阿诺德(Magda B. Arnold),认为情绪的产生是由环境事件(刺激因素)、生理状态(生理因素)、认知过程(认知因素)三个条件所制约的,其中认知因素是决定情绪的关键因素。基于此,美国心理学家艾利斯(Albert Ellis)提出了情绪ABC理论,A、B、C分别代表的含义是:

(1) Activating Event,发生的事情/事件(前因);

(2) Belief,想法/信念(看待事件的角度);

(3) Consequence,产生的情绪/行为(后果)。

艾利斯认为,人的情绪困扰并不是诱发事件本身引起的,而是由对诱发事件的非理性的解释与评价引起的。面对同一件事,之所以不同的人有不同的情绪反应,是因为他们看待和解读事情的角度不同,比如学业上遇到挫折,有的人解读为自己什么都做不好,从而产生沮丧、抑郁等情绪,而有的人解读为这是一项挑战,说明自己有需要改进之处,从而冷静地思考解决方案。个体如果改变非理性观念,调整对诱发事件的认知,消极情绪就会改变,达到"退一步海阔天空"的效果。因而,个体需要分析自己不良情绪产生的动因,有意识地调整对诱因的认识,缓解自己的不良情绪。从这个层面来说,我们需要管理的并不是情绪本身(C),我们需要管理的是,是那些非理性的想法和信念(B)。

延伸阅读

常见的非理性想法和信念

绝对化 即对什么事物都认为必定发生或绝不会发生的信念,其日常用语多为应该、必须、一定、绝对等,这种人刻板僵化,总是苛求完美,很容易陷入不良情绪的困扰。

过分概括化 即以偏概全的思维方式,这种非理性想法的特点是,认为世界上的事物只有两类——正确或错误,一次工作失误就无可救药了,朋友一次失约就认为其再也不可信。

灾难化 常见表达有"一旦出现了……,天就要塌了""再没有比这更可怕的了"等。如一次考试失利,就认为自己已经彻底失败了,从此一蹶不振。

认知消极 看问题只看消极的一面,看不到积极的一面,形成了消极的认知定向。

妄自菲薄 无论对自己还是别人都过于苛刻,常常不假思索地加上"不好"的帽子,常常处于内疚、自责的心理状态。

夸张 对周围的事情和自己的身心变化故意夸张,而不对实际情况进行认真思索。

责任感的泛化 认为在自己身边发生的事情都是由于自己不负责造成的,有悔罪的感觉,并设法弥补自己的"过失"。

课堂活动

非理性思维大扫描

准备：白纸、笔、任务单。

操作：请想象一下，现在有一台特殊的扫描机器，它能够对你大脑中的非理性想法进行快速的全盘扫描。请你将这些被扫描到的想法一一记录下来，然后根据非理性思维的类型，将这些想法分别填写在下方表格中对应的位置上。

类　　型	我的非理性想法
绝对化	例如：我应该尽善尽美。 1. 2. 3.
过分概括化	例如：我的考试挂科了，我就是个失败者。 1. 2. 3.
灾难化	例如：TA和我分手了，我的世界完蛋了。 1. 2. 3.

认真审视自己的非理性思维，思考可以从哪些方面对行为进行重新诠释，比如考试挂科，可以重新理解为，这一结果是在提醒我们，在这门学科上存在着知识漏洞，需要想办法提升成绩。在日常生活和学习中，可以随时将你的这些思考记录下来，保持对非理

性思维的觉察。

(四) 情绪管理 6H4AS 法

该方法是由全国心理健康教育十佳专家肖汉仕所创立的具有中国特色的心态调适法,用以增加快乐、减少烦恼,保持合理的认知、适当的情绪、理智的意志与行为。

一方面,可运用智慧去打开六种快乐的资源,以便增加快乐,优化情绪,即 6H(Happy):奋斗求乐、化有为乐、化苦为乐、知足常乐、助人为乐、自得其乐。

另一方面,当陷于苦恼、愤怒等负性情绪,出现行为冲动时,可使用 4AS 技术来自我管理情绪,以便改变情绪:

A 代表 ask,即反问反思;

S 代表 step,即步骤:(1) 值得吗? 自我控制!(2) 为什么? 自我澄清!(3) 合理吗? 自我修正!(4) 该怎样? 自我调适!

四、心花盛开阳光下——培养大学生积极情绪

(一) 我的情绪我做主——做情绪的积极建构者

心理学家、神经科学家巴瑞特指出,我们不是感觉的消极接受者,而是情绪的积极建构者。如何主动掌控自己的情绪,为此巴瑞特提出了一系列的建议。

1. 运用身心联结,掌控情绪,提高适应力

每当身体发出一个动作,心理同时会利用概念有所行动,反之,每一个心理活动也都会有一个身体反应,身心之间存在特殊的联结。从身体方面出发,大学生可以尝试:

(1) 健康饮食,尽可能多吃蔬菜,少食用精制糖和有害脂肪等。

（2）保证充足的睡眠，保持生物节律和生理平衡。《2020中国大学生健康调查报告》指出，42%的大学生认为睡眠不足是近一年困扰自己的健康问题。

（3）让身体保持舒适，比如按摩、瑜伽。

（4）注重生活环境，比如少去噪声大、人流拥挤的地方，多接触绿色植物和自然光。

（5）让身体动起来，通过运动、散步、跳舞等方式活动身体。

2. 充实情绪概念

巴瑞特认为在特定情境中，人类的大脑可以建构相应的情绪概念，并从中选择一个实例。比如，你曾体验过大量的"激动"概念实例，它们在大脑中留下了很多片段，你的大脑可以瞬间建构最适合当时情境的激动的特性总结。所以，充实情绪的概念，也有助于个体掌控情绪。除了前面提到的丰富情绪词汇，提高情绪颗粒度，大学生还可以：

（1）记录积极体验，比如今天有什么让你微笑的事情吗，哪怕是只让你笑了一下的？建构的每一次体验都像一次投资，因此要强化将来你想重复建构的体验。反之，不要反复思考不愉快的事情，那将使你陷入消极情绪无法自拔。

（2）解构感觉，对感觉重新分类。个体可以尝试把情感引起的感觉解析为单纯的生理感觉，再利用丰富的概念系统，对它们进行重新分类。比如考试前出现的焦虑情绪，大学生可以将之视为身体能够应对的一种生理特征，对焦虑重新分类，如归入"兴奋"一类，这样往往有助于在考试中发挥得更好。

（3）正念冥想。正念冥想要求个体不带任何偏见，保持警觉，关注当下，将注意力集中在生理感觉上，体察感觉的来去，这有助于减轻压力和调节情绪。

(二) 横看成岭侧成峰——转换视角,认识消极情绪的意义

美国心理学家卡拉·麦克拉伦(Karla McLaren)说:"与其把情绪分为好与坏、正面与负面、喜与悲等类别,不如把所有情绪都看作有用的信息,看作是进化过程中发展出的适应特定情况的反应,当你停止评判时,你将学会带着同情心对实际正在发生的事情做出反应——你将学会如何不妖魔化或美化情绪,单纯观察情绪。"

达尔文的进化论认为,情绪是我们在进化中获得的,具有适应性。情绪让我们针对不同的人和事物产生灵活的适应性反应,以让我们更好地生存。同情、喜欢、友爱等情绪,让我们与别人能够更好地相处;而愤怒、悲伤、焦虑、后悔等情绪,也发挥着重要的作用。

(1) 愤怒。愤怒提醒我们自己受到了侵犯,迫使我们行动起来,去改变我们身边的人和环境。

(2) 悲伤。悲伤提醒我们自己可能失去了重要的东西,让我们静下心来深沉地思考,学会珍惜眼前的事物。如果你想哭,千万不要压抑,哭出来,哭泣能帮助排出有害于人体健康的化学物质,让我们的极度紧张得到放松。

(3) 恐惧。恐惧提醒我们自己可能处在危险的境地,让我们逃离危险,获得安全。我们的祖先,如果没有恐惧情绪,在遇到猛兽的时候就不知道逃跑,就会被猛兽吃掉。

(4) 厌恶。厌恶促使我们远离有害的或恶劣的事物,让我们免受伤害。比如我们天生讨厌苦的东西,那是因为大部分苦的东西都是有毒的。对苦的厌恶,让我们健康安全地活着。

(5) 焦虑。焦虑是我们每个人都会遇到的情绪。过度的焦虑

会影响我们的正常生活,适度的焦虑却可以充分调动我们的积极性,让我们更加谨慎细致,审视自己的不足,避免重大失误。

(6)后悔。后悔提醒我们自己曾经做得不够好,并让我们反思自己究竟哪里做得不好,让我们能够在以后面对类似问题时,获得更好的结果。假如没有后悔,我们可能永远在原地踏步。

(7)失望。失望可能是对别人失望,也可能是对自己失望,它提醒我们需要对自己的期望做出调整,或需要调整自己的方法以顺利达到我们的目标。

作为大学生,我们要以健康的心态对待看似消极的情绪,从中寻求积极作用。

(三)让魔法照进现实——发展大学生的积极情绪

美国心理学家芭芭拉·弗雷德里克森(Barbara Fredrickson)提出了关于积极情绪的拓展和建构理论,她的实验室研究和调查均表明,在日常生活中培养积极情绪,不仅可以避免抑郁和焦虑,还能扩大心理的积极面,获得真正让自己蓬勃发展的能力。通过积极情绪的培养,可以提高大学生的身心水平,最终改写人生。

弗雷德里克森提出了积极情绪的10种形式:喜悦、感激、宁静、兴趣、希望、自豪、逗趣、激励、敬佩、爱。她认为,现代生活的快节奏下,个体需要慢下来充分地去感受围绕在身边的美好,并与这份美好建立联系,带着真诚的态度去体会积极情绪,她称之为"由衷的积极情绪"。反之,不真诚的积极情绪只是消极情绪的伪装。她还探讨了增加由衷的积极情绪的五种方法。

1. 找到生命的意义

在日常生活中,要更加频繁地寻找积极的意义。意义即解释,当个体将不愉快的境况以积极的方式重新定义时,就提高了自己的积极情绪。科学家在研究亲人亡故后人们的情绪波动后发现，体验到交织在悲伤中的某些由衷的积极情绪的人们从哀伤中恢复得更快，比如通过回顾亡故的亲人的良好品质来培育自己的积极情绪。

2. 梦想未来

此方法具体来说是指，更加频繁地憧憬着自己的未来，非常详细地将之形象化，并将每天的动机和目标与自己关于未来的梦想相匹配。对于大学生，还可以运用"梦想板"技术，将自己的最大的梦想用图片可视化，贴在/挂在最显眼的地方。

3. 利用优势

每天都有机会做自己最擅长的事情的人，更容易取得成功。大学生可以通过自我分析、调查他人等方式来确定自己的优势，并以能更频繁地应用自己优势的方法，来重塑学习和日常生活，由此产生的积极情绪的提升，既明显又持久。

4. 与他人在一起

人们通过与他人相处，培养对他人的关爱，培养自己的温和性情和同情心，可以获得更多的积极情绪。调查显示，人际支持是大学生情绪调控最有效的方式。在桌上摆上喜爱的人的照片，与亲密的人进行牵手、拥抱等互动，都能弱化个体对痛苦的感知，提升积极情绪。

5. 享受自然环境

弗雷德里克森实验室的研究数据表明，在明媚的好天气外出也是提高积极情绪的简单方法。在春季和初夏，在好天气时去户外待上20分钟以上的人，表现出了积极情绪的增长和更开阔的思维。因此，提高积极情绪的一种非常简单的方法就是走到户外去！

情绪和大学生的心理健康息息相关，管理情绪，拥有积极的心态，对于每个大学生来说都是一项不简单的任务，我们可以怀着温柔之心，主动地去靠近自己的情绪，不带评判地观察它、了解它、掌控它，通过不断练习，让自己成为情绪专家，并在必要时寻求专业力量的帮助。

推荐书目

1. 巴瑞特.情绪[M].周芳芳,译.北京:中信出版集团,2019.
2. 萨斯特伦,科利诺.负面情绪,正面解决:如何让情绪保持平和与稳定[M].柴丹,译.北京:中信出版集团,2021.
3. 弗雷德里克森.积极情绪的力量[M].王珺,译.北京:中国纺织出版社,2021.

第五章　人际交往,搭建心桥
——大学生人际交往与心理健康

人是社会性动物。我们每一个人,不仅是一个独立的个体,同时也是某个群体或集体的一员,在群体中学习、生活和工作,并于群体中的其他成员开展人际交往。我们渴望彼此之间建立关联,渴望归属感,渴望得到他人的好评。[①]

大学生活就是一种集体生活,每一位大学生都需要跟周围的同学和老师朝夕相处,也不可避免地需要跟别人进行交流和合作,因此能否与周围人建立良好的人际交往,是影响大学生心理健康的一个重要因素。

一、是什么——群体对个体的社会心理影响

群体(community),也称为社群,是指聚集在一起的同类人或物种。群体是相对于个体而言的,是指两个或两个以上的人,为了达到共同的目标,以一定的方式联系在一起进行活动的人群。

每个个体都以个体而存在,同时又以群体中的成员而存在。

---

① 艾略特·阿伦森,乔舒亚·阿伦森.社会性动物(第12版)[M].邢占军,黄立清,译.上海:华东师范大学出版社,2020.

群体是由个体组成的，没有个体，就没有群体；而个体又不能脱离群体而存在，它要受到群体的制约。个体与群体处于不可分割的相互依存、相互联系中。

正如《乌合之众》的作者，法国社会学家勒庞（Gustave Le Bon）所说的，"（群体）它可以让一个守财奴变得挥霍无度，把怀疑论者改造成信徒，把老实人变成罪犯，把懦夫变成豪杰……"在群体影响下，人们可能会做出很多行为或信念上的改变。

（一）趋同作用

社会心理学家谢里夫（Muzafer Sherif）曾做过一个"自动移动光效果"实验。他要求被试在昏暗的环境中，观察一个静止的灯光，并询问他们，是否觉得光点产生了移动。当被试单独实验时，个体的判断差异很大，但在群体实验情景中，个体对自己的判断不断进行调整和修正，最后越来越接近群体判断结果的平均值，并最终固定下来。这个实验展示了在模糊情境下，群体依赖、群体压力的存在和群体规范的形成。群体压力（group pressure）是当群体成员的思想或行为与群体意见或规范发生冲突时，个体为保持与群体的关系而感受到一种无形的心理压力，使其倾向于做出为群体所接受或认可的反应。

著名社会心理学家阿希（Solomon Asch）也曾经做过一个类似的实验，要求被试判断线段的长度。实验中设置了多名"假被试"，并一致地给出错误判断，以此来观察被试的反应是否受到他人的影响[1]。结果显示，75%的被试至少有一次受到影响而改变答案，37%的被试每次都与他人答案保持一致，只有25%的人一

---

[1] ASCH S E.Opinions and social pressure[J].Scientific American,1955,193(5): 31-35.

次也没有受影响。阿希的线段实验表明,有些人情愿追随群体的意见,即使这种意见与他们真实的感受相抵触。

群体压力导致了明显的趋同行为,即社会从众倾向。从众是个体由于社会压力,在认知上或行为上趋向群体的期望,与群体中多数人一致的行为。从众是个人由于真实的或臆想的群体压力,在认知上或行为上趋向群体的期望,与群体的多数人相一致。影响个体社会从众倾向的因素包括:(1) 社会支持;(2) 群体规模;(3) 成员特点;(4) 性别差异;(5) 群体归属感;(6) 社会文化。

(二) 激发作用

他人的在场或群体共同从事某项活动,人们会有意无意地产生一种隐含的竞争意识,这种竞争意识可以导致工作效率的提高。他人在场还会唤起期待别人评价的想法。人们具有自尊、自爱等需要,总希望在别人面前表现自己,以显示自己的能力,对别人评价的期待就能促进自己做得更好。

社会助长作用,指的是有人在场或者许多人在一起共同工作的效率,高于单独工作的效率。与群体的激发作用相关的,有以下三种心理效应:

结伴效应 个体与他人共同从事某项工作,其工作效率有所提高。许多人有这样的体会,干活时,如果和几个人合伙干,干劲就大增,工作的质量也好一些。

观众效应 他人在场,哪怕不参加活动,只是袖手旁观,被观察者的工作效率也可能有所提高。有研究发现,在有观众的情况下,人们的动作练习效率有了明显提升。

竞赛效应 在集体中共同活动,如果明确给双方提出竞赛的要求,双方的活动效率一定会大有提高。

(三) 抑制作用

个体的行为不仅会受到其他成员的激发作用，也会因为身处群体之中，而造成行为反应的抑制现象。社会顾虑是指个人在群体大众面前由于感到不自在，受拘束，其行为表现与私下时不尽相同。比如有的大学生平时与朋友在一起闲聊，口若悬河，可到小组讨论或在大会发言时，他就言语不多甚至词不达意。这就是群体对个体行为的抑制作用的表现。

社会顾虑倾向主要受到两方面因素的影响：

一是加入集体时间不长，对集体中的他人不甚熟悉。有些大学生在刚入学时，跟身边的同学还不太熟悉时，容易受到心理上的困扰，表现为有较多的踌躇反应，行为上拘谨，不太愿意在公开场合表达自己的观点，等彼此熟悉之后，就逐渐变得积极开朗了。

二是性格内向者较性格外向者，社会顾虑倾向表现较突出。部分较内向的大学生，对集体活动的参与热情不高，一到了班级讨论或集体活动发言时，就很紧张，词不达意，甚至沉默不语。

与社会顾虑相关的心理效应是旁观者效应。1964年，美国纽约发生了著名的"吉诺维斯被害事件"，一个社区的38名邻居目睹了一位女子当街被害，但没有一个人打电话报警。事件引起了公众强烈的谴责。心理学家将其命名为"旁观者效应"，用于解释这种个体在群体影响下行为受到抑制的现象，并用"责任扩散"原理来对此做了解释。

一项关于内隐旁观者效应的研究发现：仅仅设想自己是群体的一员，就会改变帮助行为。在募捐实验情境下，被试想象自己是群体成员时，比想象自己是单独个体时捐出更少的钱。之后的个案访谈发现,被试感觉作为群体一员,自己的责任更小①。

二、为什么——和谐人际关系与大学生心理健康

众多社会心理学研究发现,作为社会性动物,我们每个人都需要与他人建立健康和谐的人际关系。人际关系是指人与人在相互交往过程中,在共同物质和精神活动过程中所形成的心理关系。人际关系是社会关系的产物。

大学生人际关系是大学生在学习生活过程中形成的人与人之间的心理关系和相应的行为模式,具有多方面的功能和作用,对于大学生身心发展和心理健康具有重要的作用。具体表现为以下几方面:

(一) 促进大学生社会化

著名社会学家费孝通认为,社会化(socialization)是指个体学习知识、技能和规范,取得社会生活的资格,发展自己社会性的过程。对于大学生来说,个人的成长与发展都离不开人际关系。每个人都需要扮演自己的角色,与别人进行交往,建立一定的角色联系。从跨入大学校门的那一刻开始,大学生就获得了一个不同于过去的新的社会身份。通过入学教育,他们学习关于大学生的规章制度和道德规范,逐渐掌握在大学期间学习和生活的各种方法和技能,不断使自身发展成熟,为未来的职业发展奠定良好的基础。大学生只有在人际交往中,才能对这些规范进行传递、宣传、解释、把握,并内化为自身的纪律观念和道德品质,从而指导自己

---

① GARCIA,et al.Crowded minds:The implicit bystander effect[J].Journal of Personality and Social Psychology,2002,83(4):843-853.

的角色行为,逐步完成社会化过程。

(二) 形成良好的集体心理气氛

集体心理气氛是促进或阻碍集体的共同活动和集体内个人发展的心理因素的总和。如果群体成员在人际交往中能够相互理解和信任,彼此关心和友爱,就会使得整个群体逐渐形成一种和谐良好的集体心理气氛,使身处其中的每一位成员的身心健康和合理的心理需要得到充分的满足,从而产生积极乐观的情绪。

通过在拥有良好氛围的集体中开展积极的人际交往,大学生可以增进对集体的认同感和归属感,使自己的集体责任感进一步增强,与周围同学和老师更好地交流,能够畅所欲言,并开展积极的团队合作。此外,良好的人际关系也可以帮助大学生在遭遇困难时能够及时获得社会支持系统的帮助,更快地从挫折中恢复过来,增进活动效能,提高自我效能感和自我评价。

(三) 获得更多知识信息

我们常常说,你有一个苹果,我有一个苹果,我们彼此交换,每个人还是只有一个苹果。但是当你有一种思想,我有一种思想,我们彼此交换思想后,每个人就拥有了两种思想。"独学而无友,则孤陋而寡闻",说的正是人际交往对于促进学习发展的重要性。

耶鲁大学原校长理查德·莱文曾说过,"如果一个学生从耶鲁大学毕业时,居然拥有了某种很专业的知识和技能,这是耶鲁教育最大的失败。真正的大学教育,是自由的精神、公民的责任、远大的志向,是批判性的独立思考、时时刻刻的自我觉知、终身学习的基础、获得幸福的能力。"

可见,大学教育的目标不仅是培养一名具备专业素养的合格职业人,更重要的是培养具有独立思考能力的优秀的个体。大学生群体是一个思想高度活跃,时刻渴望表达和被认可的群体,需要不断与不同人开展精神的碰撞,接受来自不同领域的纷繁复杂的信息,并由此产生创造性的思维火花。通过人际交往,大学生得以更广泛、更高效、更快速地获取各种知识信息,全方位提升自身素养。

(四)获得更多主观幸福感

健康的人际环境也是人们获得幸福感的重要源泉,有利于个体的心理健康发展。心理学研究发现,人的很多心理问题的产生,都是与缺乏正常的人际交往和良好的人际关系有关。长期人际交往的剥夺,会对人的心理健康造成显著的负面影响,如使人产生压抑、孤寂、苦闷、冷漠等消极情绪,使人变得封闭,难以与他人开展合作等。

一项关于第二次世界大战中 93 万战争精神障碍伤员的调查发现,那些患精神障碍的军人,主要特征是因人际关系瓦解而变得极度恐惧、孤独和无助,他们感觉不到自己是一个强大群体的一部分,却强烈体验到个人的无助感和失败感。

社会隔离已成为"现代行为流行病"。复旦大学冯建峰团队近期的一项关于社交隔离和孤独感的研究,发现社交隔离的个体未来发生全因痴呆的风险增加 26%。社交隔离个体的大脑中与学习、记忆等高级认知功能相关的区域(前额叶皮层、海马、颞中回)的灰质体积显著降低。

由此可见,建立和谐健康的人际交往,对人们的心理健康具有极其重要的作用。对于正处于人生成长发展关键时期的大学生而言,人际交往的重要性更是不言而喻。那么大学生该如何提升人际交往能力呢?

三、怎么做——如何建立良好的大学生人际关系

人际认知是社会认知中的重要内容。社会认知是对一切社会意义的、人物以及人物关系的内在含义的认识过程,而人际认知主要是对人的各种人格特征的认知。人们在交往中彼此的感知、理解、判断往往直接影响对认知对象的印象形成,从而影响人际关系。①

心理学家彼得罗夫斯基提出了群体人际关系的层次理论。他认为,交往之初,人际关系中以情绪成分为主,以简单的好恶来决定是否继续交往。随着交往的深入,人们开始以集体活动的内容和价值取向为中介开展人际互动,这一过程中认知成分的参与开始增加。当人与人之间建立起紧密的人际关系后,人际交往更多是依赖集体观念、群体利益,以及情感与依恋关系来维系。根据这一群体关系理论,大学生建立良好的人际关系可以从以下三个环节入手。

(一)初次相识——人际关系中的印象管理

印象管理是通过有意识地管理自己,采取投他人所好的言行举止、服饰打扮等进行印象整饰,运用各种策略控制和反馈自己的外在印象,从而影响他人对自己印象形成的过程。在日常生活中,我们都很关注如何管理自己给他人留下的印象,以便获得社会接纳。与印象管理相关的心理效应包括:

1. 首因效应

首因效应也叫第一印象,是指第一次形成的印象对人际认知

---

① 迈尔斯.社会心理学:第 11 版[M].侯玉波,乐国安,张智勇,译.北京:人民邮电出版社,2014.

的强烈影响。第一印象不管正确与否，总是最鲜明、最牢固的，往往左右着对对方的评价，影响着以后的交往。第一印象往往以感觉形象为主，与认知因素和情感因素结合而产生，容易引发情感上的好恶反应。

2. 晕轮效应

"一俊遮百丑，一丑遮百俊"，人们对他人的看法，常有一种以点概面、以偏概全的认识倾向，犹如大风前的月晕逐步扩散，形成一个更大的光环，这种现象称为晕轮效应，也叫光环效应。

3. 近因效应

近因效应是指在人际交往活动中，最近的印象对人的评价起着重要的作用。人们往往会记住最近发生的事情或最近获得的信息，从而冲淡过去所形成的印象。往往只关注一时一事，而不是纵观过去和现在、全面地看待别人，从而产生认知偏差。

4. 刻板印象

刻板印象指人们对某人或某物形成的一种概括的、固定的、类化的看法，并把这种看法推而广之，认为此类人或物的整体都具有该特征，而忽视了个体差异。刻板印象对于提高人际交往效能具有一定的积极作用。在对于具有许多共同之处的某类人在一定范围内进行判断，不用探索信息，直接按照已形成的固定看法即可得出结论，这就简化了认知过程，节省了大量的时间、精力，使人们能够迅速了解某人的大概情况，有利于人们应对周围的复杂环境。

然而，刻板印象也对人际交往产生了一定的消极作用：在被给予有限材料的基础上做出带普遍性的结论，会使人在认知他人时忽视个体差异，从而导致偏见的产生。偏见是以有限或错误的信息为基础，脱离客观事实而建立起来的对人或事物的消极认识与态度。如果认知成分包含刻板印象，就会有过度类化倾向，从而做出先入为主的判断。

延伸阅读

迪香式微笑

法国神经学家迪香(Duchenne de Boulogne)曾仔细研究了人们在人际交往中的微笑。他发现,发自内心的、具有感染力的微笑具有这些特点:人们会情不自禁地露出牙齿,嘴角上扬,颧骨肌上提,眼角肌肉收缩,显得身心愉悦,情绪高涨。而那些职业性微笑与真诚的微笑之间最大的区别是:有没有出现眼部的皱褶。

一项心理学研究分析了美国米尔斯女子学院1960年毕业照上141名女性的笑容。在之后的随访中,研究者发现,那些当年有着迪香式微笑的女性,她们后来的人生过得更加如意,幸福感更高。研究者还发现,即使是简单的无意识微笑表情,也能使人增加积极的情绪体验。在实验中,他让被试用牙齿咬住铅笔,且嘴唇不能与铅笔接触,由此让被试保持一种无意识的微笑动作,结果显示,他们依然会感受到快乐。由此可见,微笑对于个体心理健康和人际交往的积极作用。[1]

基于此,积极心理学家提出,拥有迪香式微笑的人,具有更加积极的情绪,更具有创造力,也更具有感染力。这样的人,也拥有更好的人际关系,更幸福、更健康、更长寿。

(二) 彼此交心——人际交往中的自我表露

初次相识之后,如何才能进一步拉近彼此的心理距离呢?这

---

[1] SOUSSIGNAN R. Duchenne smile, emotional experience, and autonomic reactivity: A test of the facial feedback hypothesis[J]. Emotion, 2002, 2 (1): 52-74.

里就涉及自我表露这个心理学概念了。自我表露,也称为自我展露或自我表现,是指个体向外在的观众(他人)和内在的观众(自己)展现一种受赞许的形象。自我展露是人们建立信任关系和发展亲密关系的重要方法。

展现自己,给他人留下好印象,这是一件十分微妙的事情。人们总是希望自己被看成是有才华,同时又谦逊而诚实的。在熟悉的环境里,自我表露不需要意识的参与就可以完成。而在不熟悉的环境里,例如学习小组的某次聚会,或者与陌生人同桌吃饭时,人们往往会刻意地向他人呈现一个与平时不一样的自己,使自己显得更健谈、更彬彬有礼等。

在互联网时代,很多人都会在各种社交平台上进行自我展露,通过文字或图像的形式向朋友圈中的他人展现自己日常生活的点滴精彩,或者自己支持或关注的某些观点态度,以此来赢得别人的关注和赞许。作为社交平台使用最活跃的人群,大学生在网络空间中的自我展露,对于他们的人际交往产生了重要的影响。

心理学家发现,人们会有意识地向他所关注的人群展示自己,不断地监控自己的行为,关注他人的反应,调整自己的社会行为,以获得社会赞许。高自我监控倾向的个体,往往倾向于成为别人希望的样子,为了让自己的行为与情境合拍,他们可能会积极地做出调整。而低自我监控倾向的人,则很少关心别人怎么想,更多地按照自己的感觉和信念来说话做事,这往往会阻碍他们开展良好的社会交往。

课堂活动

自我表露的小技巧

1. **缺陷美**:偶尔自曝无伤大雅的糗事或小错误。

2. 会示弱：适当显露自己的羞怯，"你比我强多了"。

3. 八卦心：偶尔来点小"八卦"，主动关注对方的信息。

4. 渐进性：内容及顺序，兴趣爱好—态度观念—自我概念—个人私密。

5. 相互性：以程度相当的方式进行自我表露，恰当地给予对方反馈。

(三) 日久生情——人际吸引的心理因素

人际吸引是指人与人之间情感上相互喜欢、相互需要、依赖的状态，是建立良好人际关系的基础。按吸引的程度，由低到高可分为亲和、喜欢和爱情。尊重、友谊和爱情等美好的感情都是建立良好人际关系的基础。社会心理学家经过长期调查和实验，提出了影响人际吸引的多种因素。

1. 接近因素

接近因素主要是指在空间距离、兴趣态度、职业背景等因素上的接近。积极地发现与他人的相似与统一，求同而存异，才能更好地与他人建立良好的人际关系。

2. 互补因素

当交往的双方在能力特长、人格特质、需要欲求、思想观念等方面构成互补关系时，也会形成良好的人际关系。尤其是心理特征的互补是长期人际关系得以持久的基础。

3. 能力

尽管人们很关注"高颜值"的人，漂亮的人总是更受欢迎。然而，随着社会的发展，当下的青年越来越看重交往者的能力。对于才华的敬仰可以说是绝大多数人的天性。与能力强的人交往，可以使人不断完善。

4. 品格

品格在人际交往与人际吸引中也有重要的作用。品格高尚的人,受人敬重;品格低下的人,遭人唾弃。尤其是反映个性特征的中心品质,在人际交往中起着重要的作用。人们普遍喜欢热情的、真诚的人,而不喜欢冷漠的、虚伪的人。

5. 强化因素

人们总是喜欢跟那些给予了积极评价的人,总是喜欢那些给我们留下美好回忆,或与我们有着快乐的共同经历的人。同样的,喜欢别人的人,给予别人积极关注的人,也最受别人喜欢。

课堂活动

展露真诚的"SOFTEN"法则

美国著名社交技巧培训师唐·加博尔(Don Gabor)提出了真诚与热情表露的 SOFTEN 原则[①]。

(1) Smile:微笑,表现你内心的社交愿望。微笑是接纳的标志,微笑给人安心的感觉,可以消除对方的警戒心,并表达出渴望与对方交流的内心愿望,从而赢得对方的好感。

(2) Open:姿势开放,显示你坦诚的社交状态。张开双臂,呈现一种全身心的接纳和坦诚无私的胸怀。不要交叉手臂于身后,或上手交叉抱胸,那样会让人有隔阂感。

(3) Forward:身体微倾,展现你的专注和尊重。身体微微前倾,拉近与对方的距离,表明你正在倾听对方讲话,且对谈话内容感兴趣,这是尊重对方的一种行为表现。

---

① 贺岭峰. 思想政治工作心理学[M]. 北京:北京师范大学出版社,2020.

(4) Touch：主动握手，展示友好和热情。主动伸出你的手，与对方的手相握，展示你的热情。握手力度不要太轻，也不要太重，时间不宜过长，1~3秒为宜。有些情境下，还可以适当触碰对方的上臂外侧、背部、肩膀等身体部位。

(5) Eye：眼神交流，放射出对社交的愉悦体验。进行恰当的眼神交流，不要总低着头，而是要两眼紧紧盯着正在交流中的人，以显示你对他的重视。眼神不要左飘右移，显得很没有自信。

(6) Nod：点头，表示积极的回应。如果聆听者每隔一段时间就向说话者做出点头的动作，不仅能激发说话人的表达欲望，而且可以使其比平时健谈3~4倍。慢点头表示不解和思索，太快显得不耐烦，一般情况下，每次以3次中速点头为宜。

（四）集体凝聚力——构建健康型大学生群体关系

大学生除了要提升自身的人际交往能力，使自己拥有高质量的人际互动，同时，作为大学生群体，还需要努力构建健康型群体，使得群体内部凝聚力不断提高，为群体成员的身心发展提供更多的心理支持。

健康型组织是一个能够正常运作且不断发展和成长的系统。组织成员自觉按照组织未规定却高度一致的方式工作。组织是否健康取决于以下三个方面：对成员需求的满足，人员与环境的正确匹配，高效运转和成长发展能力。健康的组织应该是组织结构合理，权力使用恰当，沟通通畅，信念坚定，执行坚决，友善对待，并充满活力的团队。

健康型组织包含如下10个维度。

(1) 目标中心：明确的、被成员接受和支持的目标。

(2) 充分交流：内部与外部环境中保持自由顺畅的双向沟通。

(3) 权力平衡：权力区分相对公平，组织成员与领导的权力划分比较合理。

(4) 资源利用：成员能充分发挥才能，领导能协调其成员，承受最小的压力。

(5) 凝聚力：组织、群体和个人认同感的清晰程度。

(6) 士气：个人综合的情感体验，幸福感、满意和快乐等。

(7) 创新：组织发展多样化特征，允许个人创造和具有冒险革新精神。

(8) 自治：允许个人、群体或组织在各自范围内自由处理事务。

(9) 适应：组织自主变革的能力强，具备承受外界压力并保持稳定的能力。

(10) 恰当解决问题：能够指定规章程序，提出切实可行的解决方案，并贯彻执行，用最小代价发现和解决问题。[1][2]

集体凝聚力又叫内聚力。它是集体对所有成员的吸引力、成员对群体的向心力以及成员之间的亲和力与协同性的综合体现。集体凝聚力可以使群体成员产生集体归属感、集体认同感和集体力量感。集体凝聚力愈强，就愈能充分发挥集体中每一个个体的作用，顺利地实现集体目标。

有研究者认为，凝聚力是群体成员的一种应对资源，帮助个体或群体积极应对威胁性事件，缓解和消除压力带来的紧张，维持个体和群体绩效。没有凝聚力，组织就会解体。考德里（Christian

---

[1] 苗丹民,等.军事心理学[M].上海：华东师范大学出版社,2020.
[2] 路惠捷,苗丹民.个体心理健康与组织心理健康理念的博弈[J].医学争鸣,2011,2(5)：14-16.

B. Cowdrey)提出了凝聚力的三个基本结构框架：水平凝聚力，即同事之间的亲密关系和协作；垂直凝聚力，即领导关系和领导能力；组织凝聚力，即自豪感和价值感、需要和目标的实现。孙云峰的研究中，把凝聚力定义为：组织成员的集体荣誉感、自豪感和归属感。①

大学生活是以集体生活为主要特点的。在日常生活中，大学生除了与身边的人开展一对一的人际交往外，还要积极参与到集体活动中，有明确的集体成员的自觉性，并在与团体成员的共同活动中，有意识地培养自己的集体意识，通过各种方式提升所在集体的凝聚力。

首先，要与所在群体的目标、信念和态度保持一致性。成员对集体目标的赞同与否直接影响群体凝聚力。个人赞同群体目标，才会对群体发生认同感，从而增强凝聚力。

其次，提升集体成员心理相容。心理相容是指集体成员与之间的相互吸引，和睦相处，相互尊重，相互信任，相互支持。若是不相容，则表现为相互排斥，相互猜疑，相互攻击，相互歧视。大学生可以通过积极参与集体生活，主动与他人开展交流与合作，在互动中增进彼此了解，不断提升默契值。

再次，增加外部推动力。外部压力使集体成员能充分意识到集体的生存价值，从而增强了集体成员的凝聚力。一个民族在外来侵略势力面前，会齐心协力，同仇敌忾，共同抗击外敌；一个群体在面对强大对手的激烈竞争时，也会抱团。在外部压力的推动下，集体成员之间在认识上更容易达成一致，彼此更能产生情感共鸣，在意志行动上更能达成一致。因此，大学生可以适当参加一些校

---

① 孙文峰.作战单元组织心理健康评价体系与方法研究[D].西安：第四军医大学，2006.

际或校内的竞赛活动,以班级或小组为单位。在这些集体活动中,不仅可以提升大学生的个人综合素质,也能进一步加强集体凝聚力,使人感受到团体的力量,感受到团体成员间的互助支持,从这些积极的人际交往体验中获取成长所需的心理能量,提高心理健康水平。

延伸阅读

个体心理健康和组织心理健康的比较

个体心理健康	组织心理健康
1. 自我接纳 2. 与他人的良好关系 3. 自主性 4. 环境控制 5. 生活目标 6. 个体成长	1. 组织认同 2. 组织凝聚力 3. 责任感和承诺 4. 团体效能感 5. 组织目标认同 6. 组织学习

第六章　科学运筹,争做时间主人
——大学时间管理与心理健康

一、惜时如金——时间管理概述

我们每个人在任何时候都在和时间打交道。时间对于人来说虽然看不见,摸不着,但它却是最实际,也是最真实的。一个人成功与否,其时间管理至关重要。

(一) 时间管理的概念

所谓"时间管理",就是我们在充分认识时间的性质和价值的基础之上,科学、合理地,并且有效地利用时间资源,让其产生最大效益。时间管理不是让我们去管理真正的时间,而是管理与时间息息相关的我们自身的活动,是我们选择怎样使用时间的管理,是我们在使用时间时进行选择的行为。

(二) 时间管理的益处

一个人如果善于管理好时间,他将获得很多的益处。

(1) 有效的时间管理能提高学习、工作效率,能够使人在工作、家庭生活和个人爱好方面取得更多的成果,还可以更加全面地发展自己,让自己拥有一种协调的生活状态。

（2）有效的时间管理能够增加工作中的愉快感。只要我们能够熟练地操纵工作，而不是让工作操纵自己，便会对工作产生愉快感，容易在工作中抓住重点，取得成绩。

（3）有效时间管理可以使我们的工作更加系统、更加有条理和更加高效。它还能使个体拥有更加明确的方向，有更多的时间和动力去实现个人的目标，获得更大的成功，增强自尊心、自信心和成就感。

（4）有效的时间管理能够减轻工作、生活压力，使自己获得更多的休息娱乐时间，更有精力，为将来的短期或长期计划赢得更大的成功可能性。

（5）有效的时间管理还可以给他人带来更多的好处，更有利于他人有效完成其学习和工作，进而推动整个社会的进步和效益的提高。

延伸阅读

巴尔扎克的时间表

8:00～17:00 除早上和中午用餐外，其他时间用来校对修改作品。

17:00～20:00 晚餐之后外出办理出版相关的事务，或去走访一位贵夫人，或进古玩店走走看看，给自己寻求一件珍贵的摆设或一幅古画。

20:00 就寝休息。

00:00～8:00 开始写作，0点要准时起床，一直写作到天亮为止。

从巴尔扎克的时间表看，这位伟大的作家每天只睡4小时。这位身高不足1.6米的文学巨匠，自觉地摒弃了巴黎的繁华与喧嚣，却一个人静夜独坐，用鹅毛笔管蘸着自己的心血和灵感。他一生中共写了96部小说，还演绎了一部《人间喜剧》。他很热爱生活、勤奋并且十分珍惜时间,虽然巴尔扎克只活了51岁,但是他的作品却使他流芳百世。

管理学家彼得·德鲁克说:"不能管理时间,便什么都不能管理。"你的时间管理如何呢?

课堂活动

自测:你的时间管理妥当吗?

1. 你是否计划在一节课的时间里完成几个学科布置的作业,于是只能边听课边做别的科目的作业,但最后似乎都无法完成?

2. 你是否经常因顾虑其他的小事或杂事而无法集中自己的精力来做当前本应该做的事情?

3. 如果你自己制订的学习计划中途被一些突发事件打断,你是否觉得这是可以原谅的而不必再去找时间来弥补?

4. 你是否会经常在一天下来时感觉很累,却又好像什么也没有学到?

5. 你是否总觉得没有时间去运动和娱乐?

6. 你是否觉得没有时间去做自己喜欢做的事情,哪怕偶尔想去摆弄一下自己喜欢的小玩意也没空似的?

如果以上问题中有2个答案,你的回答为"是",那么,这说明你的时间管理具有欠妥之处,有待进一步改善。

二、隐形消耗——时间拖延症

(一) 时间拖延症概念

时间拖延症,是指自我管理时间的失败,在能够预料不按时完成会产生后果的情况下，仍然把计划要做或需要完成的事情往后推迟的一种行为。拖延是人们生活中一种普遍存在的现象，有调查显示大约有 75% 的大学生认为自己有时会拖延，有 50% 的大学生认为自己一直拖延。严重的时间拖延症不但给学习、工作带来影响，还可能对个体的身心健康带来消极影响，比如会出现强烈的自责情绪、负罪感和不间断的自我否定等。

(二) 时间拖延症诱因

一项关于拖延症的研究发现，如果一项任务具备某些特征，就会让你一直拖延下去而不完成。其中，性格也是影响因素之一。

不过跟改变性格相比，改变我们处理任务的方式，明显会更加容易和更加实际。导致我们拖延的诱因，可归纳为六个：

(1) 任务单调乏味，没有给自己带来任何情绪上的刺激。
(2) 从事的任务会让自己陷入沮丧、消极等负面情绪。
(3) 任务的困难度越高，我们就越是不会轻易展开行动。
(4) 做的事情没有明确的指标，模糊不清，目标不明晰。
(5) 事情对个人没有任何意义，可做可不做，于是不做。
(6) 缺乏内在或外在的奖励，无法调动自己做事的兴趣。

只要一项任务具备上述一个甚至多个特征，你就会产生拖延心理，事情就有可能被放置在一旁。如洗碗和看手机这两件事，往往前者比后者更容易具备这些特征。所以很多人宁愿拖延洗碗这件事，也不会拖延看手机这个行为。

正如加拿大卡尔顿大学心理学教授蒂莫西·皮切尔（Timothy A. Pychyl）所说的："有时候拖延是一种征兆，预示着你当前的生活并不符合你的选择偏好，于是你觉得自己应该要干点别的事情。"

当你面临的任务是一件有价值的事情，诸如阅读书籍、学习技能、提升自我、完成工作等，如果这件事情具备引发拖延症的特征，那么这样一种拖延，长此以往就会给你带来一些负面的后果。

想要让自己的生活和工作变得更加高效，克服拖延症，是我们必须要解决的问题。

(三) 时间拖延症发生的心理机制

由于"拖延"，是大脑给我们发出指令后的一种显化行为，所以要克服拖延，我们得先了解大脑的运作。

从拖延症的发生机制来说，大脑跟拖延这一行为有密切关联的"部件"，可以简化为两个：边缘系统和前额皮层。边缘系统就是负责调解我们情感和本能的脑区，俗称"情绪脑"；而前额皮层，则是掌管我们逻辑思维、理性分析等功能的脑区，俗称"理性脑"。在对抗拖延这场"战争"当中，只要我们大脑的边缘系统战胜了前额皮层，我们对于要去做的事情就会一拖再拖；反之，前额皮层战胜了边缘系统，我们就会立刻着手处理任务。

然而，我们很难百分之百做到理性，也很难百分之百做到感性。所以每当我们面临一些需要去处理的事情时，大脑这两个区域就会进入"战争状态"。

到底是边缘系统胜出，还是前额皮层胜出，决定了我们会不会出现拖延这个行为。从神经学的角度来看，当边缘系统战胜前额皮层，大脑就会释放出一种能够给我们带来"愉悦"情绪的化学物质多巴胺。皮切尔教授就把这样一种形式拖延称为"屈服以求得自我感觉良好"。

(四) 克服时间拖延症——学会掌控你的大脑

可见，为了在短时间内自我感觉良好，前额皮层就会屈服于边缘系统,从而导致我们产生拖延这个行为。

所以想要解决拖延,我们必须要让前额皮层在和边缘系统的相互斗争中,时时刻刻都能够占据上风。否则,两者斗争的时间越长,前额皮层就越容易失败。

那怎么办呢?

在很多事情上,需要边缘系统和前额皮层合作,才能够产生一个"完美"的结果。比如,你想去喜马拉雅山脉爬山赏雪。对于这件事,如果你一想到它就感到很兴奋,那就是边缘系统在发生作用。但如果你想把这件事做成,你就必须让你的前额皮层介入这件事。你只有培养出强大的前额皮层,才能够更加高效地做到想要去做的事情。而所谓的"强大的前额皮层",指的是当你觉得有必要的时候,你能够以一种强硬的姿态,让前额皮层在某件事上处于领导的位置,同时很好地压制你的各种情绪波动,让边缘系统处于跟随者的合作模式。

在这种状态下,你对于所做的事情既会拥有正向的情绪激励作用,也能够理性地展开行动,这才是最高效的行动方式。当然,说是很容易,怎么去做才困难。而做法,就是通过前额皮层的控制,把一些让你拖延的事情,变成一项能够激发你边缘系统的"有趣而简单"的任务。我们可以根据六大诱因,逐个转化它们的状态,所以就有了六种转换形式。

1. 给单调乏味的任务,添加一些乐趣

做身体运动对大部分人来说,可能是一件比较单调的事情。在这件事上,边缘系统很容易就战胜前额皮层。如果我们学会用更有趣的方式去做这些看似单调的事,你的坚持就可能变得更加容易。比如,我们在跑步的时候戴着耳机听听歌、学学英文,或者上健身房用跑步机锻炼身体等。这种一边听歌、学习英文,一边锻炼身体的方式,比起单纯的外出跑步要增添许多乐趣,个人的行动意愿也会得到加强。

2.调整自己的情绪去面对任务

不知道你是否体验过,当别人让你做一些不太愿意做的事情时,你是否会带着一种抗拒或消极的态度呢?因此,当你意识到你将要做的事情可能会让你产生不好的心情或情绪时,你可以问自己三个问题。

(1)为什么做这件事会让我产生这些不好的情绪?

(2)如果我来做这件事会不会给我带来一些实际的负面影响?

(3)我可不可以暂时把这些不好的情绪放在一边,愉快地接受这项任务?

如果做这件事并不会对你产生任何负面的影响,你就应该去主动地调整心态,采取更积极心态去对待它、接受它。美国心理学家詹姆斯(William James)说:你对事情的看法,就决定了你可能会产生什么样的心情和情绪。有时改变你对事情的看法,你的心情自然也就随之改变了。

3.拆解目标,降低任务的难度

这个方法,就是把一个大的目标,拆解成一个个小的任务。由于这些小的任务做起来相对比较容易,当你接二连三地完成它们之后,那么最终这个大的目标,也就被你完成了。比如"看完一本书",这是一个大的目标。如果每天想着这个目标去阅读,你心里肯定会产生抗拒感,觉得这本书什么时候才能看完!但如果把这个目标拆解,分为一个个小的任务,如每天阅读一个章节或者每天看十页等,那你做起来就会容易得多。正因为容易,所以你每天看三本书,每本书看十几页,你也能够兼顾。越是容易入手去做的事情,越容易让我们开始行动。

4. 设立明确的行动目标

一个清晰的目标,会对我们正确行动起到非常重要的作用。如果你暂时还不知道当下做的事情到底是为了什么、有什么样的目的和作用,那么你可以把这个"宏观目标"转化为"微观目标",把长远目标划分成细小的步骤去执行。比如我们常说"看书是一个提升自我的好习惯",每个人都知道是什么意思,但却很难让人都开始行动起来去认真执行这个习惯。这时,就需要我们自觉地把这个"宏观目标"转化为更具体和便于执行的"微观目标"。比如我们可以思考,如果要"提升自我",可以从哪方面入手呢?这时可以结合自身爱好和学习工作实际,制定一些具体要阅读的书单明目,有了这样一个小而明确方向,接下来你就可以有针对性地去寻找相关的书籍,然后主动去学习。

5. 赋予事情某种积极的意义

做任何事情,只要不是去做天灾人祸或者是违法乱纪事情,我们都能从中获得锻炼和益处。当你认真尝试了某些事情之后,你对于这个领域的认知就获得了更新。比如叫你上街买菜,你就会知道白菜要多少钱一斤,猪肉是不是涨价了,哪里的水果会比较便宜些等,这些从实践中学到的知识会增长你的生活技能。如果我们主动地学会从正在做的事情中去寻找出一些积极的意义,那么,我们的行动就更有相应的"理由"了。

6. 给自己建立一些行动的激励方案

做成一件事后,可能我们会得到内在或外在的奖励。内在的奖励就是积累了做事情的成功感和对自己能力的认同感;外在奖励则有可能会获得同学、老师的赞赏、取得奖学金或其他荣誉等回报。但不是所有事情,都会有这些奖励。学习、工作或生活中,如果我们能够主动给自己设立一些激励的小方案，比如完成某个设定的小目标，你可以允许自己玩几盘游戏；做完了当天的工作，奖励自己约朋友一起去看个电影等，都是不错的行动激励方案。所以，我们在任何时候，都要学会自我激励，从而慢慢地培养自己坚持的意志品质。

（五）辅助处理时间拖延症的方法

针对拖延的六大诱因，制定相关的转化方案，虽然不能完全消除拖延，但至少能够把这种症状的负面影响尽量减到最低。当你面对一些事情，会涉及边缘系统和前额皮层的斗争时，你就可以有意识地掌控自己的大脑，主动去克服这些问题。下面说到的三种方法，则可以在这个基础上，辅助你更好地处理自己的拖延心理。

1. 给自己制定一个拖延列表

既然每个人都会拖延，那么如何高效地拖延，就显示出我们的处事方式了。把事情按照"轻、重、缓、急"分成四种特性，然后以此制定一个拖延列表，安排哪些事情可以拖延长一点时间，哪些事情最好短时间内完成。当你有了这么一个清晰的"拖延列表"，你就能够有序地拖延。换言之，你能够一边做想做的事，一边拖延不想做的事。而不是每件事都一直拖延，到头来一件事都没做完。

比如对于大多数人来说，洗碗和写作这两件事，很明显后者的困难度要高一点。如果你一开始苦思冥想怎么开始写作，花费了很多时间，那么洗碗这件事就会在这个过程当中，顺带被拖延下去了。而现在有了拖延列表后，你可以先完成洗碗这件事，毕竟这是最容易着手去做的事情。当你洗完碗之后，再去思考写作的事情，那么至少在你的拖延列表上，就会少了一件"待办事项"了。把想拖延的事情放在同一个表格上，彼此相互对比，你能够更清晰知道,先去做哪些事会更划算,也更轻易完成。

2. 考虑拖延的后果

很多事我们之所以不愿意开始行动,是因为做和不做的结果,好像都没有明显的区别。比如,你看十本书和你从来不看书,你的生活似乎并没有因为看或不看书而产生显而易见的变化。

于是很多时候我们就这样一直拖延下去了,反正做不做都是一个样。想要改变这个结果,你就要给自己增加一些"焦虑感"。把时间的跨度拉长,当你长期不学习,你会得到一个什么样的结果呢?比目前的生活更加糟糕,还是继续一成不变地浑浑噩噩过日子呢?有了这个后果的设想,如果你不想变成那种样子,那么行动就是你的更好选择。

3. 给事情设立截止时间

缺少时间限制,我们很容易就会"无限期"地拖延下去。这就是心理学所说的"时间贴现"。随着时间的推移,我们对于收益的感知会变得越来越低,会认为越是长期才能获得的收益,越是不重要。为了解决这个问题,你必须给自己要做的事情,设立一个截止时间。比如尽管你知道每天要看十页的书,但这个行为没有明确的行动时间和结束时间,那我们就会觉得什么时候去做,什么时候看完都没关系。这时拖延就出现了。在任何时候,给自己要做的事情,清楚设定一个行动时间。比如,做一件事,到底要用一个小时做完,或十点半之前做完,还是临睡之前做完,这些时间点一定要安排得清清楚楚。

有些事我们很容易设定好这个时间,只要在心里一想就知道,比如洗碗,十五分钟也差不多搞定了,但有些事情我们很难有一个清楚的时间把握。比如写一篇文章,这时我们就需要通过自己的摸索和反馈,来判定出大概的用时。当你有了这个时间期限后,就要把它写下来,做成时间表。时间一到,就立即行动,心无旁骛地开始工作,直至结束。这就是对抗拖延的一种提醒机制。

虽然我们的前额皮层很多时候都会败给边缘系统,但只要你能够用这些方法提升你前额皮层的控制能力,相信你的拖延症肯定会获得显著的改善。毕竟,我们要把行动变成我们的习惯,而不是让拖延成为我们的习惯。

三、高效用时——合理时间管理的途径

(一) 设定明确的目标

1. 明确目标的意义

制定合理的目标是时间管理的一个基本要素。制定目标,要确定自己的人生方向,明确自己经过不断努力后希望达到的状况,这样才会全力以赴。

如果没有明确的目标,就搞不懂自己到底需要什么东西,而且不能确定哪些任务是非常重要的,哪些次之,不能控制事情发展的进程和顺序,不能用结果来评价自己所用去的时间是否值得。坏的结果就是,可能会导致时间白白浪费掉,自己却一事无成。所以,每个人只有目标明确,才能最大限度地节约时间,取得成功。

实际生活中,一般人可能不愿意为自己设定目标,其原因有:第一,恐惧,害怕万一达不到,就会产生挫败感;第二,没有这样的意愿,认为不需要设定目标,只求每天能够过得去就行了;第三,误将行动当成了成就,认为自己每天忙里忙外、忙上忙下就是一种成就感。

其实,行动不等于成就,有结果才算成就,所以一定要设定明确的目标。在人生的道路上,记录着时间与价值的对应关系。有

了目标,我们的一分一秒都是成功的过程记录,相反,没有目标,一分一秒只是生命的流逝,所以确立了目标,对于实现时间管理和实现个人远大理想尤为重要。

2. 确立目标的原则

确立目标主要有以下六大原则:

(1) 目标要具有现实性,即符合社会现实需要,切合自身的实际。

(2) 目标要具有可实现性,即个人要具备达到设定目标的条件。

(3) 目标要具有可衡量性,即要易于看到实现目标的进程。

(4) 目标要具有时限性,即要设定采取行动的紧迫性,规定实现目标的具体时间。

(5) 目标要具体性,即目标要明晰、明确,比如"考过英语四级""数学期末考过85分"等。

(6) 一定要设定好可执行的时间表,即目标要便于推动和执行。

3. 目标设定的步骤

目标对于一个人来说,是有多个层次的,有总目标,又有为达到总目标而设立的一个个子目标。目标,又是分为阶段的,有长期目标、中期目标,也有近期目标。这样对目标进行分解,有利于最终总体长远目标的实现,而且一个个近期目标的实现,会给人最终达到总体目标带来信心和力量。

在此基础上可以照下面步骤设定目标:

第一步,消除恐惧,不要担心失败,确定目标;

第二步,确定明确目标;

第三步,坚持目标,落实到行动上;

第四步,安排程序,确实做,马上做。

课堂活动

学期计划（根据目标管理时间）

我想达到的重要目标	预定完成日期	未来达到目标必须完成的事情
1		
2		
3		
4		

（二）制定合理的时间计划表

最好用笔写出你当前的渴望、目标和梦想是什么，每天有意地至少看两次，或者在安静的地方大声念两次，这样有助于你把这些既定的目标融入你潜意识中。

当你确定目标之后，就要根据你的目标制订计划。可能有人会怀疑，自己制订计划是不是多此一举的事情，可能还会浪费时间。其实制订计划是一种"磨刀不误砍柴工"的行为，一个合理的计划不但不会浪费自己的时间，反而会更有利于你节省大量时间。

但是在制订计划时，应该具体、细致，一个太粗或者不能完全执行的计划等于没有计划。特别在制订计划时，要给自己限定完成某项任务的最后期限，这样可以使人集中精力去做计划好的事情；在制订计划时要留有余地，留出机动的时间以应对突发事件可能会影响到计划的执行；条件允许的情况下，可以大胆地公开自己已经制订好的计划，从而展示自己的决心，不给自己留后路，同时，还可能得到身边人更多的帮助；制订的计划要有恰当的检查和评估方法，从而保证计划能够按时按质完成，以保证计划的阶段目标和整体目标的最终实现。

我们做一份可执行的待办计划表并且要坚持做到身体力行。平时生活中，可以在每晚的熄灯前制订好第二天的学习或工作计划。制订计划时，其表格应该简单明了，要定期检查计划表的执行情况，最好要在晚上睡觉前就要明确第二天的计划任务，以便于第二天早上起床后就能知道自己当天应该做些什么。需要注意的是，应当在计划项目旁边标注好日期和时间。

(三) 巧用生物钟

在生活中要注意寻找出自己一天之中何时效率最高，并且用好这段时间去处理你认为最重要、最困难的工作，这样就将为你大大节约时间，提高工作的效率。

心理学研究发现，对于我们大部分人来说，一天中上午的后半段和晚上中段是人精神状态最佳的时间段。特别中午之后，我们每个人可能略有睡意，下午两三点的时候，可能人的工作效率达到了"谷底"。巧用每个人的生物钟，就可以用比较少的时间做更多、更重要的事情。

工作中，我们常常能看到按三种不同思维效率曲线用脑的人。

1. 百灵鸟型

这种类型的人往往在清晨和上午的时候精神焕发，记忆力和创造的效率最高，到了晚上的时候，其大脑工作效率慢慢降低。英国著名小说家司各特是这种类型的人。他曾经说过："我的生活实践证明，睡醒和起床之间的半小时里，我非常适合做创造性工作。很多的想法和创造性思维，总在我一睁开眼睛的时候大量涌现。"

如果你也是早上起来后精力最充沛、工作效率最高的人,那你就有可能是百灵鸟型,这时候,你就可以考虑将最困难和最重要的工作放到早上的时候来完成。

2. 猫头鹰型

这种类型的人就像我们所看到的昼伏夜出的猫头鹰一样,白天可能是无精打采,晚上却是神采奕奕、高度兴奋的。很多作家就往往是这类型的人。比如鲁迅经常写作到深夜,据说有一次竟然让"梁上君子"都等得不耐烦了,只好无获而返。有的作家把其作品命名为《燕山夜话》《灯下集》《月下集》等,也许就体现出该作家是属于猫头鹰型的。

3. 混合型

除了前面讲到的两种类型的人以外,大多数人可能随时都能工作或者创造,他们全天用脑效率都差不多,没有白天、黑夜之分,这类人就称为"混合型"。这类人一天之中的效率高低划分不是特别明确,他们在中午往往需要短暂休息一会。

课堂活动

自测:你是百灵鸟型还是猫头鹰型?[1]

1. 你在早上 6 点钟起床的时候是否感觉到自己精力充沛?晚上 9 点钟左右上床睡觉的时候,你是否能很快地入睡?

如果上面两个问题,你的回答都是肯定的话,那么你就有可能是百灵鸟型的。

2. 你是否感觉要晚上 11 点睡觉才能保证你醒来的时候精力充沛?你是否在午夜前入睡会感觉有困难?凌晨 1 点钟上床睡觉的时

---

[1] 张茜茹. 睡眠剥夺下扎来普隆诱导小睡对抑制控制功能影响的实验研究[D]. 西安:第四军医大学,2013.

候,你是否能够很快入睡?

如果你对上述三个问题的回答都是肯定的话,那么你就有可能是猫头鹰型的。

猫头鹰型(迟睡晚起)的人生物钟要比 24 小时一天的节奏慢一些,相反,百灵鸟型(早睡早起)的人生物钟运转要快一些。

如果你测试发现自己是猫头鹰型,当某一天你决定提前一小时睡觉以得到更多的睡眠时候,你可能会发现,你在那早睡的一小时里根本无法入睡。更为妥善的做法是,在你决定采取措施改善睡眠质量的时候,让你自己的生物钟决定你的睡眠时间会更好些。

总之,了解自己的生物钟,将最重要的任务放在自己效率最高的时间段来完成,是节约时间、提高效率的良方。

(四) 利用好隐藏的时间

有效的时间管理是很多人最为缺少的能力之一,不是因为我们缺乏时间管理的工具,而是我们没有真正去学习它、重视它和利用好它。我们现在开始就需要做的是,重视自己的时间管理,记录生活中的时间使用情况,规划好每一天的具体时间,提高单位时间内的利用效率。

科学家富兰克林说:"你热爱生命吗? 那么你就别浪费自己的时间,因为时间就是组成生命的材料。"一个人生命的价值在于他为社会创造的价值有多少,但这种所创造的价值却是随着创造者生命时间的延续来不断实现的。人类历史上那些为世界创造出很多精神财富与物质财富的科学家和文艺大师们,哪一位不是通过"惜时",通过时间的积累才把自己的人生体现得丰富且很有意义的呢？歌德在他的自述中说道："时间是我的财产，我的田地。"

时间效率管理专家阿列斯·伯雷曾经说过："一天的时间就像大旅行箱一样，只要知道装东西的方法，就可以装两箱之多的物品。开始不要把东西扔到箱子中间，而是不留缝隙地往四个角和箱子的边缘填充，最后再向旅行箱的中间填充。如果毫不浪费地使用了四个犄角旮旯时间，你就可以把一天当两天用了。"

这是一个非常好的建议，如果你一天能利用30分钟的零散时间，一年下来累计时间就是22天，这是很可观的。

那么，这些可能被找出来的"隐藏时间"在哪里呢？

1. 过渡时间

比如，早上起床后我们可边洗脸，边听广播，或者在书桌旁边顺手放一些报纸和杂志，在我们休息的时候可以随手拿来翻阅。

2. 旅途时间

旅途中，我们可以做的事情有：收听广播，背外语单词，打腹稿，反省昨天的事情或者计划明天要做的工作等。未来学家赫尔曼·卡恩(Herman Kahn)非常喜欢在旅途中看书，他无论走到哪里，都会与书为伴。

3. 等待时间

当我们在外办事、约见或者排队的时间里，我们可以做的事情有：听广播、看报纸、算账、做计划、读书、整理一下自己的皮包或者备忘录等，还可以思考一些问题，甚至还可以做几次深呼吸、拉伸一下身体等简单动作来放松自己。

4. 睡眠时间

一般情况下，成年人的睡眠时间大约6~8小时就够了。可以尝试每天少睡15分钟，看自己能否适应，可以的话，我们一年之内就等于节约出了半个星期的时间。生活中午休最好不要超过45

分钟,大多数人小憩 15～30 分钟就够了,同样可以让人精神倍增。再有一点,早上醒来后不要赖床不起,否则就会失去许多宝贵时间,这样每天可以省出 20～50 分钟做许多有意义的事情。

5. 多出来的每一分钟

多出来的每一分钟,都可以用来实现你所确立的特别重要的目标。如果你想学好一门外语,不妨见缝插针地背诵几个单词。

高效率的人善于利用零碎时间,见缝插针,效率颇高。生活中有许多零碎时间,如果能够得到充分利用,就可以最大限度地提高工作效率和工作总量。零碎的闲暇时间有很多,比如,坐公交车时,我们可以拿一本书,或是用手机下载电子书来阅读;散步的时候,我们可以利用这段时间来听听英语或是其他有趣的节目等。

课堂活动

记录时间流水账

时间流水账

事　　情	每天花费时间	每周花费时间	备　注
睡眠(包括午休)			
吃饭(一日三餐)			
个人卫生(洗漱、洗衣、洗澡)			
学习时间			
阅读报纸杂志			
运动锻炼			
娱乐			

续 表

事　　情	每天花费时间	每周花费时间	备　注
朋友聚会			
打电话或者微信			
其他			
总　计			

课堂活动

找出隐藏时间

想一想：

1. 你在路途当中还可以做什么？

_____

_____

_____

2. 你在排队的时候还可以做什么？

_____

_____

_____

课堂活动

人生倒计时

这是一个想象的活动,通过这个活动,可以帮助个体更好地体会到生命的意义,了解生命的真谛,感到时间的宝贵。

假如你现在得了一种疾病,目前尚未有药物能医治你的病,医生告诉你,你的生命只剩下一个月。那么,在这一个月的时间里,你要做哪些事情?请将你要做的事情写下来。(5分钟)

_____

_____

_____

_____

(5分钟后继续)现在,有一个好消息,新研制出来的一种药,可以将你的生命延长,医生说你还可以活半年。如果你的生命剩下半年的时间,你会做什么?请写下来。

_____

_____

_____

_____

(5分钟后继续)现在,又有一个好消息,新研制出来的药效超过预期,可以将你的生命延长到两年,在这剩下的两年时间里,你会做些什么?请写下来。

5分钟后,将大家分为5~6人一组,分享在剩下一个月、半年和两年的时候,自己的想法和感受。

活动总结:年轻的时候,大家感觉有大把的时间,通常不知道珍惜,常常为一些不重要的事情感到烦恼。但在有限的生命时间里,每个人反而更深刻地理解自己生命的价值和意义。

延伸阅读

时间商[①]

多年合作研究时间心理学的菲利普·津巴多(Philip Zimbardo)和约翰·博伊德(John Boyd)提出了一个关于时间的悖论——你对时间的态度会对你的生活产生深远的影响,而你自己可能很少觉察到。比如可以从时间观念的角度来解释为何相爱容易、相处不易:一方是未来时间导向的人,对未来有着清晰的憧憬;另一方则活在当下,只讲即时的欢愉。也就是说,时间观念是影响你"三观"的重要指标之一。2003年,学者斯蒂芬·赫尔(Stephen Hell)由智商、情商得到启发,提出"时间商"(也称"时商",简称TQ)概念,并将之定义为对待时间的

---

① 资料来源:http://www.rensheng5.com/duzhewenzhai/wenming/id-150517.html。

态度,以及运用时间创造价值的能力。

村上春树是以自律著称的作家。他写长篇小说时,每天凌晨4点起床,写作五六个小时,写10页纸,也就是4 000字才停笔。天天如此,坚持了数月乃至半年。一天写10页,一个月能写300页,半年就是1 800页——《海边的卡夫卡》第一稿就是1 800页。在夏威夷的考爱岛,他4月初开工,写到10月便如期收笔完稿,简直是匠人般的精准。他的心得是:"郑重谨慎、礼貌周全地善待时间,就是让时间成为自己的朋友,就像对待女性一般。"

高TQ的人是实现了时间自由的人。他们懂得把时间留给自己,在喜欢的时段做喜欢的事情。爱马仕总裁克里斯蒂安·布朗卡特(Christian Blanckaert)有段话说得特别好:"拿出时间来好好做事情,拥有自己当下的时间,分享自己宝贵的时间。或者把时间留给自己,并认真地考虑时间能带来什么,一如它赋予每个人的命运,那是一种浓度、一种机会、一种价值。"

推 荐 书 目

1. 布莱.时间管理十堂课[M].陈琇玲,译.北京:机械工业出版社,2002.
2. 琼斯.时间管理[M].杨合庆,译.北京:中国社会科学出版社,2001.

第七章 学会学习,早日成才
——大学生学习与心理健康

一、大学生学习概述

学习发生在生活的方方面面。广义的学习指基于经验而导致行为或行为潜能发生相对一致的变化的过程,狭义的学习特指学校学习。现在你可能需要更新自己的学习字典,你一直都像一块吸水的海绵一样在学习,每个人在成长过程中都拥有非常丰富的学习经历和体验:初次开始集体生活,接触真正的专业知识,甚至开始尝试跟一个人恋爱等,这些都是在学习。

课堂活动

一位大四学生的反思

一位大四的学生回忆说,4年前我如愿以偿地进入了大学,对于当时的我来说,大学已是我这辈子理想的高峰。结束了高中三年紧张的学习,进入大学后终于可以放松一下,休整疲惫的身体。我上课看小说,下课逛大街,早晨睡懒觉,晚上打游戏,整天不思学习,无所作为。这种消极颓废的生活伴我混过了半年光阴。第一学期考试成绩下来,我竟然在全班倒数几名之列。这对于长期名列前茅的我,犹如当头一棒,我想要振作起来,但又不知从何下手。

寒窗苦读十年是为了考大学,现在大学考上了,目标也实现了,于是很多同学开始放松、放任甚至放纵。然而生活还在继续,很多人却发现没有了目标,心是浮躁的、散漫的。你可能会听到某些毕业生这样叹息:大学几年,真不知道自己学到了些什么,感觉自己的青春白费了!告别高中进入大学,每一个人都面临着目标的重新定位。你的学习和生活又是怎样的呢?你做好准备了吗?你的大学轨迹又将转向何方?

思考:

1. 你在学习上是否开始松懈了?
2. 你是否为自己的大学学习确立了明确的目标?

(一) 大学生学习的特点

高中的学习更倾向被动接受,而大学学习更倾向主动发现,需要更多的认知和反思,甚至是自我监控的参与。具体来说,大学学习具有以下五个特点。

1. 专业性

大学属于专业教育阶段,学习的内容围绕专业方向和需要展开。像英语专业,学习内容不仅仅是背单词、做习题,往往是老师提出一个主题,让大家自己找相关资源做 PPT 演示;而像计算机专业,老师的每一讲都像一个概述,想要理解这堂课的知识,需要仔细思考,并且课下看其他的相关参考书。学好专业课更需要大学生思考知识之间的联系,使用有效的学习策略。

2. 自主性

大学的学习具有高度的自主性。如果说高中的学习像"盒饭",那么大学的学习更像是"自助餐"。高中时,学生只是被动接受老师"上饭",学生间比谁"吃得快""吃得干净",很少自己主动地思考,而到了大学,大学生就像进入自助餐厅,老师成了退守食物背后的"服务员",由大学生自己来选择吃什么、怎么吃、吃多少。在大学里,课程、学习时间、学习方式全由大学生做主。

3. 探索性

大学学习具有研究和探索的性质,参与研究成了大学生的必修课。大学生不仅要掌握前人积累的专业理论知识,还需要主动探索和思考,加深知识与自己的关系,进一步创新和发展知识。

4. 实践性

大学学习更需要学以致用。大学生通过全身心投入,调动多种资源获得更多的体验,才能转化为自己的收获,带来持久的影响。

5. 评价多样性

在大学,学业成绩已经不是评价的唯一标准。如果大学生只能从分数中获得自信,很可能会遇到困惑。学习成绩的高低并不完全决定一个人是否成功。学习成绩主要体现大学生两个方面的能力:逻辑思维能力和语言能力。然而,人际沟通能力、领导管理能力、创新能力、实践能力等却很难在考试中体现出来,而这些能力对一个人的成功非常重要。能够掌握学习的方法,学会做生活的有心人,体验生活中的美好和精彩的人,才能成为一个更优秀的大学生。

> **延伸阅读**
>
> ### 第十名现象
>
> 杭州市一位教师发现了这样一个现象。小学期间前几名的尖子学生在升入初中、高中、大学,乃至工作之后,有相当一部分学生会淡出优秀行列,甚至在其后的升学和就业方面屡屡受挫。而第十名前后的学生,却在后来的学业和工作中出乎意料地表现出色,并成为栋梁之材。这种现象就是"第十名现象"。

(二) 大学生学习的心理机制

不同学派的心理学家对于学习的本质是什么、学习是如何发生的、学习由什么构成等方面,从不同的角度进行阐述。关于学习理论的发展,以20世纪为分水岭,20世纪以前的学习理论主要是心理实体派的心理训练理论。20世纪的学习理论一般分为行为主义、认知主义、人本主义等流派。

1. 行为主义学习观

行为主义认为学习是在刺激与反应之间建立联结的过程,强调复杂行为是建立在条件联系上的复合反应。俄国生理学家巴甫洛夫(Ivan Pavlov)认为,经典条件作用的核心是反射性反应。反射是一种无需学习的反应,如唾液反应、瞳孔反应、膝跳反应等,这些反应是由有机体生物学相关的特定刺激自然诱发的。任何能够自然诱发反射性行为的刺激都叫做无条件刺激(UCS)。因此学习对刺激控制行为而言不是一个必要条件。由无条件刺激诱发的行为叫做无条件反应(UCR)。与无条件刺激相匹配的是中性刺激,如巴甫洛夫实验中的铃声,被称为条件刺激(CS)。经过几次反复,条件刺激引发出的反应,称为条件反应(CR)。

巴甫洛夫实验中一定频率的铃声(CS)与食物(UCS)多次结合,原先只能由食物引起狗的唾液分泌(UCR),一段时间之后,在铃声单独出现时也可以引起类似的唾液分泌(CR)。巴甫洛夫从实验中发现,当CS—CR之间形成了巩固的联系时,学习就出现了。

美国心理学家斯金纳(Burrhus Skinner)在20世纪30年代发明了一种所谓的"斯金纳箱"的学习装置,箱内装有一个操控杆,操控杆与另一个提供食物的装置连接。把饥饿的白鼠置于箱内,白鼠若无意间踏上操控杆,供应食物的装置就会自动落下一粒食物。经过几次尝试,白鼠会不断按压操控杆,直到吃饱为止。这说明,白鼠具备了按压操控杆以取得食物的反应能力,按压操控杆变成了取得食物的手段或者工具。这被称为操作条件反射。操作条件反射中的学习,也就是操控杆(S)与压杆反应(R)之间形成固定的联系。

斯金纳从操作条件反射的实验中得出结论:学习过程就是外界环境的刺激和反应之间建立连接或联系的过程,这个联系(学习)的形成与巩固,是不断强化的结果。斯金纳认为,教育就是用强化塑造人的行为。教育成功的关键是建立特定的强化措施。

2. 社会认知主义的学习理论

社会认知主义的基本观点是学习是由行为、个体(认知)、环境三大因素相互作用,共同影响并决定的。社会认知主义的学习理论与行为主义的学习理论相比,前者对学习所涉及的认知过程给予了充分关注,认知观强调,学习是一个积极主动的心理过程,而非对环境刺激的应答或反应,对学习的研究,应重视观念理解、推理、思维、解决问题等较高级的认知能力,而非关注简单低级的刺激—反应及其联系。

社会认知主义的学习理论主要分为早期的认知理论和现代认知理论,早期认知理论的代表人物是魏特海默、苛勒、考夫卡、托尔曼,现代认知理论的代表人物是布鲁纳、奥苏贝尔、班杜拉、加涅等。

(1) 格式塔的学习观。以苛勒(Wolfgang Kohler)著名的黑猩猩实验为例。苛勒把黑猩猩关在笼内,为其设置了一个问题情境:在笼内放一把香蕉,笼外放一根棍子,黑猩猩用四肢去抓,都够不着。后来,黑猩猩发现笼外的棍子,它"领悟"到棍子与香蕉的关系，忽然用棍子成功地取到了香蕉，解决了问题。以后在类似的情境中，这只黑猩猩仍然能运用已经获得的经验去取得香蕉。在格式塔心理学家看来，知觉经验变化的过程不是渐进的尝试错误的过程，而是忽然领悟的，所以格式塔的学习理论又称"顿悟说"。

(2) 托尔曼的认知论。托尔曼（Edward Tolman）不认同刺激—反应的联结说。他首先提出了中间变量的概念。他认为，学习的结果不是刺激—反应直接联结的，主张把 S-R 公式变成 S-O-R 公式。在后一公式中，O 代表有机体的内部变化。为了探索动物在学习过程中的认知变化，托尔曼设计了老鼠走迷宫的实验，证明通过学习，老鼠具备了认知地图（即认知结构），这就是学习的实质。

(3) 现代认知心理学的学习观。美国认知心理学家布鲁纳（Jerome Bruner）和奥苏贝尔（David Ausubel）认为，学习是认知结构的组织与重新组织。这与格式塔的观点基本一致。但现代认知心理学家则更加强调已有的知识经验的作用（即原有的认知结构的作用），也强调了学习材料本身的内在逻辑结构。具有内在逻辑结构的教材与学生原有认知结构相关联，新旧知识发生相互作用，新知识在学习者头脑中被赋予新的意义，这些就是学习变化的实质。

3. 人本主义学习理论

人本主义心理学是 20 世纪五六十年代在美国兴起的一种心理学思潮，其主要代表人物是马斯洛（Abraham Maslow）和罗杰斯（Carl Rogers）。人本主义的学习与教学观深刻地影响了世界范围内的教育改革，是与程序教学运动、学科结构运动齐名的 20 世纪三大教学运动之一。

人本主义心理学家的主要观点是：要理解人的行为，就必须理解行为者所知觉的世界，即要从行为者的角度来看待事物。在了解人的行为时,重要的不是外部事实,而是事实对行为者的意义。如果要改变一个人的行为,必须先改变他的信念和知觉。当他看问题的方式不同时,他的行为也就不同了。换言之,人本主义心理学家试图从行为者,而不是从观察者的角度来解释和理解行为。

罗杰斯强调,促进学生学习的关键不在于教师的教学技巧、专业知识、课程计划、视听辅导材料、演示和讲解、丰富的书籍等,而在于教师和学生之间的相互尊重、相互信任,尊重学习者的意见和情感,关心学习者的方方面面,接纳作为个体的学习者的价值观念和情感表现。教师能了解学生的内在反应,了解学生的学习过程。在这种气氛下进行的学习,是以学生为中心的,教师是学习的促进者、协作者或者说是伙伴、朋友,学生才是学习的关键,学习的过程就是学习的目的所在。

二、大学生学习能力的培养

(一) 树立正确的学习理念

理念是指人们对某种事物、现象的理性认识和固有信念。学习理念是关于学习的理性认识、理性态度和执着信念。在学习型社会中,学习必然是占主导地位的时代潮流,成为社会生活的重要组成部分。大学生仅有学习的热情和兴趣,很难满足学习需要或取得预期的效果。

首先,全面提高学习素养,当代大学生必须学会理性认识,摒弃陈旧学习观念,确立和内化现代学习理念,这是建立科学的学习理念的当务之急和关键所在。

其次,转变继承性学习观念,确立创造性学习理念;转变接受性学习观念,确立自主性学习理念;转变传统陈旧的学习观念,确立现代学习理念(即转变一次性学校学习观念,确立终身学习理念);转变经验性学习观念,确立科学化学习理念;转变纯知识性学习观念,确定知识与实践相结合的学习理念。

最后,要建立科学的学习观,如实践学习观、最优化学习观、理解学习观、高效高质学习观,挖掘学生的学习动机观等。

(二) 挖掘学生的学习动机

1. 创造外部条件,激发学习动机

(1) 竞赛活动

竞赛是利用人们的荣誉感及对成功的渴望而激发学生学习动机的有效手段。研究表明,学校开展适当的竞赛活动对学生的学习具有良好的促进作用。竞赛可以激励学生努力学习、积极进取。竞赛的外部刺激与强调学习质量及引导思考相比,能更有效地激发学生努力。因此,学生可以适当地参加竞赛活动,激发自我的学习动机。

(2) 加强自我的目标教育

心理学家通过实验发现,如果实验对象认清学习目标,那么就会产生强烈的学习动机。因此,在课堂学习中,学生要正确认识学习,了解社会的要求,给自己制定合适的学习目标,让目标引导自己,克服困难,克服懈怠,达成目标。

(3) 进行适当奖励

学生取得进步时教师要及时发现,适当奖励,处理好绩效与奖励的关系,真正实现运用奖励激发学生学习动力的目的,从而实现奖励与进步的良性循环。

(4) 利用动机迁移

动机迁移是指学生在缺乏学习动力的情况下,引导学生把从事其他活动的动机转移到学习上来。心理学研究表明,在学生缺乏学习动机及目标的情况下,利用学生参加某些活动的动机,因势利导,将其转移到学习上来,使其产生学习兴趣。教师如果能巧妙地引导学生的这些兴趣,使学习成为他们完成所喜欢的活动的重要条件,就能使其产生学习需要,进而努力学习。

(5) 提供成功机会

体验成功是激发学习动机的重要因素之一。奥苏贝尔指出:"动机是从成功的教育成就中发展起来的,它将加强进一步的学习。"因此,在教学过程中,教师要不断创造条件,提供成功机会,确定适当的目标,控制教学的进度和难度,让学生不断努力以达到目标,满足其成功的需要,激发其学习的动机。

2. 创设良好的心理环境,培养学生的学习动机

良好的学习心理环境是激发和调动学生学习积极性的重要因素,是促进和维持学生学习的重要条件。它可以使学生保持旺盛的学习热情,积极参与学习活动,保证学习取得成功。因此,教师要想方设法创设良好的学习心理环境,培养学生的学习动机。

(1) 热爱学生

"教育教学的全部奥秘就在于怎样爱学生。""亲其师"才能够"信其道"。学生喜欢态度和蔼可亲、充满爱心的教师。教师爱学生就会使学生产生一种"不学好功课就对不起教师辛勤栽培"的内心体验,从而激发学生的学习动机,提高学生的学习热情和自觉性。

(2) 满足学生合理需要

当学生的某些学习需要(如自尊的需要、认知的需要、成功的需要)得到满足时,就能激发他们的学习热情和动机,因此教师要

尽量满足学生合理的学习需要。

(3) 调节学生情绪

学生的认知过程和情感过程是一个有机的整体,其情绪状态对学习效果也有直接的影响,良好的认知活动具有启发和激动作用。教师要善于引导和调节学生的情绪,使他们能以积极饱满的热情投入学习,从而取得学习成绩。

3. 利用内部因素,激励学习动机

(1) 提高教学水平

对大学生来说,最好的学习诱因是"好的教师"。"好的教师"不仅是指教师的人品师德,更是指教师的教学水平。教师传授知识给学生,同样的教学内容会因不同的教学方式产生完全不同的教学效果。优秀的教师"能使教学大纲变活,并补正最差的教科书",因此教师要不断地提高教学艺术水平,使教学活动尽可能生动而有吸引力。

(2) 深化内容改革

内容是学生学习的对象,其新颖、难易、实用的程度,对学生学习动机有很大的影响,因此大学教师应该努力改变课程内容繁、难、偏、旧和过于注重书本知识的现状,加强课程内容改革,把学生急需的知识内容和最新的科学成就引进课堂,加强课程内容与现实生活的联系,增强课程内容的新颖性和实用性,提高学生学习的兴趣和热情。

(3) 提供交流机会

教师是教学活动的"组织者"和"引导者"。如果教师在教学过程中广泛地、积极地听取学生的意见和建议,让学生真正感受到自己的主体地位,了解自己确实是课堂的主人,就能激发学生强烈的学习欲望和高涨的学习热情。

(4) 增加自主权利

在实行学分制的前提下,积极引入选课制,增加学生自主选择课程和相应任课教师的权利。这样不但能提高学生学习的兴趣,而且能积极推动教师教学水平的提高。适当发挥学生的主体作用,使学生按照自己的学习基础、兴趣来选择学习和练习内容,从而有效地激发学生的学习动机。

(5) 及时反馈学习效果

学生都有一种想要及时了解学习结果好坏的心理。对学生的学习结果及时予以反馈,可以增强他们的学习动机。学生知道学习结果后,可以看到自己的进步,提高学习的热情,进一步努力;同时又能看到自己的不足,激起上进心,克服缺点,争取更好的成绩。

(6) 适当运用评价

心理学家的研究表明:教师对学生的学习态度及结果是肯定评价还是否定评价,对激发学生的学习动机起着不同的作用。因此,教师要适当地评价学生的回答和作业,以激励学生奋发向上、克服不足。教师的评价应客观、公正、全面,恰到好处,既要赏罚分明,又要以理服人,这样才能收到预期的激励效果。

(三) 掌握科学有效的学习方法

掌握科学的学习方法,学会学习不仅是大学学习成功的保证,也是大学学习的重要任务。大学的学习方法因大学学习的专业性、阶段性、自主性、探索性等特点而有别于中学的学习方法。大学生必须结合自己的实际情况,寻求适合大学学习特点的学习方法,避免因学习方法不当而产生学习疲劳。

1. 集中与分散学习法

集中学习法是指用较长时间进行的学习活动,学习的次数相对较少。学习时间的长短取决于学习材料的性质及其他因素。一般来说,对于复杂难懂的材料,采用集中法比较合适,这样可以保证学习者在一定时间内集中注意力,有利于理解并掌握那些抽象难懂的材料。分散学习法与集中法不同,它是指将学习时间分成几个阶段,每学习一段时间就休息一会儿。实验证明,假如分散学习的时间不是太短,这种方法是比较有效的。

2. 整体与部分学习法

整体学习法是指将学习材料作为一个整体来学习。学习过程中,将材料从头至尾反复学习,以获得对材料的总体印象和了解,进而掌握一些较为具体的内容。部分学习法是指将学习材料分成几个部分或几个具体的概念,每次集中学习其中一部分或一个具体概念。对不具体的部分或概念根据其难易程度的不同,具体安排学习的时间或次数。

3. 科学用脑

(1) 注意劳逸结合

根据大脑神经活动兴奋-抑制交替进行的规律,张弛有度、劳逸结合是预防心理疲劳的有效方法。保证充足的睡眠,在学习一段时间后,休息片刻,放松一下;或者在学习之余,参加一些文体活动,可以使身心都得到放松和调节。

(2) 善于科学用脑

现代科学已揭示了大脑两半球的不同功能:大脑的左半球与逻辑思维有关,右半球则与形象思维有关,因此进行某种脑力劳动之后,可以采用"换脑筋"的方式,翻阅一些与刚看过的内容截然不同的东西,或者看一些消遣性的书籍,听听音乐等,这些都有助于消除大脑的疲劳。

延伸阅读

PQ4R学习方法

PQ4R方法是一项能有效帮助学生理解和记忆的学习技巧。P代表预览(Preview),Q代表设问(Question),4R代表阅读(Read)、反思(Reflect)、背诵(Recite)和回顾(Review)。PQ4R程序可使学生集中注意力,有意义地组织信息,使用其他有效的策略,诸如设疑、精细加工、间歇性复习等。PQ4R技术具体使用方式如下:

1. 预览:快速预览材料,对材料的基本组织、主题和副主题有一个初步的了解。注意大标题和小标题,从中找出你要读的和学习的信息。

2. 设问:阅读时问自己一些问题。根据标题,用"谁""什么""为什么""哪儿""怎样"等疑问词提问。

3. 阅读:阅读材料,不要泛泛地做笔记。试着回答自己提出的问题。

4. 反思:通过以下途径,尽量理解信息并使信息有意义:① 把信息和你已知的事物联系起来;② 把材料的副标题和主要概念及原理联系起来;③ 尽量消除对其他信息的分心;④ 尽量用这些材料去解释联想到的类似问题。

5. 背诵:通过大声陈述和一问一答,反复练习并记住这些信息,你可以使用标题、画了线的词和对要点所做的笔记来提问。

6. 回顾:最后一步是复习,主要通过自问自答的形式。只有当你无法回答时,再重新阅读材料。

三、大学生常见学习心理问题及应对

图书馆里的佳佳,打开英语书后,叹了口气,打开水杯喝了口水,接着打开手机刷起了微博,直到她想起该背单词的时候,时间已经过去1小时了。她很快紧张起来,责怪自己,怎么又拖延了,然后硬着头皮开始背单词。

你是否像佳佳一样,也想知道为什么学习没效率?这背后的心理学原因是什么?该如何才避免这样的循环呢?这一节的学习动机探索相信会给你一些启示。

(一)学习动机不足

学习动机不足,是指学习没有内在驱动力,没有明确的学习方向和兴趣,不想学习,甚至厌倦学习、逃避学习。学习动机是影响大学生学业成败的一个重要因素。大学生学习动机不足具体表现在哪些方面呢?

1. 缺乏方法

学习动机不足的学生把学习看成是奉命的、被迫的苦差事,不愿积极寻求一些适合自己的学习方法,总是死记硬背,应付考试。由于缺乏正确的、灵活的学习策略和方法,动力不足的学生往往不能适应新的学习环境。

2. 独立性差

学习动机不足的学生在学习上缺乏明确的目标,学习行为往往表现出从众性与依附性,随波逐流,极少有独立性和创造性。

3. 厌倦情绪

学习动机不足的学生对学习冷漠、畏缩,常感厌倦,对学校及班级生活感到无聊。学习时无精打采,很难享受到学习成功带来的快乐。

4. 懒惰行为

懒惰行为主要表现为不愿上课,不愿动脑筋,不愿完成作业,贪玩。学习上拖拉、散漫,怕苦怕累,而且经常为自己的懒惰行为找借口。

5. 容易分心

学习动机不足的学生注意力不集中,不能专心听课,不能集中思考,兴趣容易转移。他们对学习的认识肤浅,满足于一知半解。行动忽冷忽热,情绪忽高忽低。

延伸阅读

四次考入名校的"新生"

《中国教育报》曾经报道了"周剑事件"提醒高校给新生更多的关爱。23岁的周剑已经是第四次跨入大学的大门:2001年他考取武汉大学,由于沉迷网络多次旷课而被退学,后考回武大,又因"屡教不改"再次被退学,几个月后他第三次参加高考,考上了华中科技大学,大三时由于学分不够被退学,2006年他再次被华中科技大学录取。

多次考入名校的周剑这样说:我已经是大二的学生了,可就是无法让自己坚持奋斗下去。我有个老师,每周上课的时候都会说得我们热血沸腾,我信誓旦旦地说要好好学习,可我每次最多能保持一天这种状态,然后就松懈下来。老师也说我缺少踏踏实实做事的定力,现在怎么改变?感觉我做什么事都坚持不下去,近段时间空虚得沉迷网游了,很想走出来,可是每次总是删了又安装,安装了又删,还是缺乏自制力吧。我应该怎么办?

(二) 学习动机过强

心理学研究认为,学习动机过强会使学生专注于自己的抱负和外部的诱因(如奖惩),从而阻碍正常学习。大学生要克服学习动机过强的问题,需要进行积极的自我调适。那么动机过强有哪些表现呢?

1. 学习强度过大

如学习时间过长,使学生往往处于疲惫状态。

2. 奖惩动机过强

对奖惩考虑太多,一心只想获得奖励,避免受到惩罚。奖惩动机过强的学生大多被动地学习,不注重能力的培养,往往成绩不稳定。

3. 成就动机过强

成就动机过强的学生急于取得成就并超过他人;所树立的抱负或期望远远超过自己的能力;只能成功,害怕失败,给心理造成很大压力。

(三) 学习适应不良

学习适应不良,是指学生不能适应大学的学习方式,包括不会听课、不会复习、不能制订合适的学习计划等方面。这一问题在大学各年级中都存在,在一年级新生身上表现最为明显。下面是学生学习适应不良的具体表现:

1. 学习活动中缺乏独立性

大学新生对教师有依赖心理,习惯于由教师来安排自己的学习内容,不知道如何制订学习计划、如何利用时间。

2. 学习方法不适应

大学新生不能充分利用其他的学习途径,如去图书馆查资料、参加讨论会等。

3. 对本专业的要求不明确和认识不够

大学新生对本专业的要求不明确和认识不够主要表现在,不知道怎样围绕专业要求展开自己的学习。

4. 对大学学习缺乏应有的紧迫感和自觉性

大学新生对大学学习的重要性、复杂性、艰巨性在心理上和思想上准备不足,精力投入不够。

(四) 学习过度焦虑

焦虑是一种伴随着某种不祥预感而产生的令人不愉快的情绪,是一种复杂的情绪状态。有些学生由于平时学习不够努力或学习方法不得当等,导致学习目标无法达成,又担心自尊心、自信心受挫,而对考试产生过度的惧怕和焦虑心理。

学习焦虑主要表现在情绪躁动,寝食不安,郁郁寡欢,学习压力大,精神长期高度紧张,思维迟钝,记忆力下降,注意力分散。有严重的学习焦虑的大学生在考试前表现得更加明显——考试日期越近,精神就越紧张,即便已经投入很多精力和时间,准备得非常充分,仍然不放心,惧怕考试通不过或不如别人。

(五) 学习过度疲劳

学习过度疲劳是指学习者由于长时间持续地学习,感觉身心劳累,学习效率下降的现象。学习疲劳可以分为生理疲劳和心理疲劳。生理疲劳是指由于肌肉受力过久或持续重复伸缩而造成的腿脚麻木、眼球疼痛发胀、腰酸背痛、动作不准确、打瞌睡等现象。心理疲劳是指,由脑力劳动繁重、神经系统紧张程度过高或长时间从事单调、厌烦的工作而引起的精神疲怠现象。①

学习过度疲劳主要表现为注意力不集中、思维迟钝、情绪激动、精神萎靡、学习效率下降、学习失误增多、失眠等。

(六) 学习问题的应对

1. 养成良好的学习习惯

学习是持之以恒的事情。"冰冻三尺,非一日之寒",要达到学习目的,要有打"持久战"的准备。平时养成良好习惯,在学习过程中才能持之以恒地保持较高的学习效率。

2. 客观评价自我

绝大多数学习困难者都与自信心不足有关,过去的学习经历中有过惨痛的失败体验,与同学仍有差距或自己的学习目标一时无法实现,都有可能导致学生对自己能力的怀疑和对前途的担忧。对自己过于苛求,只会导致更高的学习焦虑。反之,如果能够自我接纳、自我尊重,不断从自身的努力中汲取力量,从点滴的进步中看到希望,那么,学习焦虑程度就会得到较好的控制。

3. 正确对待考试

应该认识到考试只是衡量学习好坏的手段之一,是学校教育中的一个重要环节。但是,成绩不能全面反映一个人的知识水准,特别是能力水平。所以,大学生应该重视考试,但不必过分要求高分,应该做到不为分数所累,轻装上阵,沉着冷静地应试。

4. 正视自己学习的失败

担忧和恐惧失败,往往是学习焦虑产生的直接原因。解决的办法只有一条,那就是勇敢地面对失败,承认失败,从积极的角度

---

① 林崇德,杨治良,黄希庭.心理学大辞典[M].上海:上海教育出版社,2004:1399.

去认识失败的价值,然后从失败中吸取教训,发现不足,明确今后的努力方向。

课堂活动

小红应该怎么办?

全国计算机三级考试的前一天晚上,小红同学对于这次考试感觉发慌,而且以前也有重要考试前紧张发慌的经历。担心考试不过,学习紧时有时头疼,遇见不开心的事情也会头疼。在此次考前几天的复习中,有一次同学提问相关考试问题她没答上来,但别的同学答上了,而且还说了句"这是最简单的,练习题上的,还能不会呀?"使她觉得压力很大,信心更加不足。最近几天,寝室同学之间出现矛盾,她自述这些都会影响到考试。由此可见,小红是一个情绪化的学生。据其自述,在中学的一次考试中还曾晕倒,导致那次考试非常不理想,之后在考试中也出现焦虑现象很严重的情况。

根据你所学到的学习心理问题相关知识,你认为小红应该怎么办?

延伸阅读

有效学习策略

优秀学习习惯的养成,需要我们不断练习,不断反思,付出努力。接下来就对有效学习策略进行总结,大家可以将自己原来的学习模式与下面的学习策略进行对照,找出自己的薄弱环节,进行调整。

1. 课前要阅读相关材料。
2. 在阅读材料的时候,给自己出模拟考试题,并尝试作答。
3. 在课上努力回答这些假设性问题,从而验证阅读内容的记忆效果。

4. 复习时找到那些记不清或者不知道的术语,重新学习。

5. 在阅读笔记中抄写重点术语和定义,确保自己能够理解。

6. 做模拟测试题,找出自己学习中漏掉的概念,重点学习。

7. 用自己的方式(可以是思维导图)把课上的信息重新组成一份学习指南。

8. 写出复杂或重要的概念,不时地进行自测。

9. 在整个学习过程中,把复习和练习间隔开。

10. 对于需要创造性学习的内容,不要设限。

第八章　创新有方,激发灵感
——大学生创造与心理健康

一、敢闯会创——创造心理学概述

2022年8月,教育部颁布《关于举办第八届中国国际"互联网+"大学生创新创业大赛的通知》。这一赛事自2015年开办以来,以更中国、更国际、更教育、更全面、更创新为总目标,旨在全面深化高校创新创业教育改革,提升大学生创新创业能力,加速培养创新创业人才,纵深推进大众创业万众创新,服务国家创新发展战略,提升高等教育新时代创造力。每年,这样赛事都吸引了全国各大高校的众多大学生踊跃报名,参赛项目紧密结合经济社会各领域现实需要,充分体现高校科研成果,培育新产品、新服务、新业态、新模式。此外,类似的赛事还有"挑战杯"大学生创业大赛、青少年科技创新大赛、中国青年创新创业大赛等。

大学生正处于创造力最旺盛的时期,是科技文化创新的生力军。如何激发广大青年的创造力,让他们在创新创业中增长智慧才干,坚定执着追求理想,把激昂的青春梦融入伟大的中国梦?本章重点探讨一下创造心理学。

(一) 创新与创造力的概念

创新是人类特有的认知能力和实践能力,是人类主观能动性的高级表现方式。

《现代汉语词典》对创新的解释是"抛开旧的,创造新的",而对创造的解释是"想出新方法、建立新理论,做出新的成绩或东西"。从字面含义来看,创新强调的是"新",既包括"从无到有",也包括从"旧有"到"新有",而创造强调的是"造",即"从无到有",因此可以说,两者虽然是近义词,但创新包含了创造,两者是从属关系。

创造力,即创造的能力,这个概念还没有一个广为接受的标准定义,但心理学家普遍认为,创造力既是一种能力,又是一种产品。作为能力,它具有特定个体的特征;作为产品,它具有社会性的特征。

创造力是智力活动的一种表现,是人通过一定的智力活动,在现有知识和经验的基础上,通过重新组合和独特加工,在头脑中形成新产品的形象,并通过一定的行为使之成为新产品的能力。它受个体所在环境的影响,并在很大程度上依赖于一个人的个性,在本质上由创造性态度、创造性行为和创造性产品以及其他影响因素组成。其核心是创造性行为,它包括创造性思维、创造性习惯和创造性活动。

(二) 创造力的心理特征

创造性是个体产生新奇独特的、有社会价值的产品的能力或特征。创造不是墨守成规,而是推陈出新。创造力具有以下几个心理特征:

1. 创造具有新奇独特性

创造的新奇独特性,意味着别出心裁地做出前辈从未做过的事情。一个新想法,一个新产品,一个技术新突破,它们的根本特性是"新",但并非无中生有,是建立在旧的基础上的,是旧的成分的新组合。

2. 创造与想象密不可分

想象是人们在生活实践中不仅能感知当时作用于自己感官的事物,回忆起不在眼前而过去却经历过的事物,而且还能够在已有的知识经验的基础上,在头脑中构建自己从未经历过的事物的新形象。丰富的想象是创造的基础。

3. 创造与知识经验相关

知识和经验是人们进步的两条不同途径,使人能够灵活地解决当下遇到的问题。创造性思维是以人已有的知识经验为依托,以问题为中心,以思维的技巧为手段,最终目的是达成问题的解决。创造与知识经验密切相关,不存在超越知识经验的创造力。

4. 创造力受个人因素影响

心理学研究发现,有五项个人因素会阻碍问题解决者的创造力发展:缺乏动机、不具弹性、缺乏专业能力或经验、具有强烈的外在动机,以及缺乏社交技巧。而高创造者的个性特征则表现为:广泛的兴趣、易被事物的复杂性所吸引、敏锐的直觉、高度的审美观、对模棱两可情境的忍耐度高,以及强烈的自信心。

课堂活动

自测:创造性倾向测验

下面25道题是美国普林斯顿人才开发公司的测试题,请你以最诚实且最迅速的口气回答"是"或"否",不能模棱两可,也不能用猜测性的口气回答。

1. 我的兴趣总比别人发生得慢。
2. 我有相当的审美能力。
3. 有时我对事业过于热心。

4. 我喜欢客观而又有理性的人。

5. "天才"与成功无关。

6. 我喜欢有强烈个性的人。

7. 我很注重别人对我的看法和议论。

8. 我喜欢一个人独自深思熟虑。

9. 我从不害怕时间紧迫、困难重重。

10. 我很有自信。

11. 我认为既然提出问题就要彻底解决。

12. 对我来说作家使用华丽的词句只是为了自我表现。

13. 我尊重现实,不去想那些预言中会发生的事情。

14. 我喜欢埋头苦干的人。

15. 我喜欢收藏家的性格。

16. 我的意见常常令别人厌恶。

17. 无聊之时正是我某个主意产生之时。

18. 我坚决反对无的放矢。

19. 我的工作不带有任何的私欲。

20. 我常常在生活中碰到一些不能单纯以"是"或"否"判断的问题。

21. 挫折和不幸并不会使我对热衷的工作有所放弃。

22. 一旦责任在肩,我必须排除困难完成。

23. 我知道保持内心镇静是关键的一步。

24. 幻想常给我提出许多新的问题、新计划。

25. 我只是提出新建议而不是说服别人接受我的新建议。

回答完这25道题,如果你回答"是"的题目达到20题或更多,那么你就是个极富创造力的人,大约只有0.7%的人能达到这个水平。

二、重学轻创——大学生创造教育的误区

近年来,国家对大学生创新创业工作十分重视,不仅每年举办丰富多彩的高校创新类竞赛,还将"双创"教育引入课堂,让大学生在专业知识学习的同时,掌握一定的创新创业技巧,为科研成果市场化和未来自主创业打下坚实的基础。一项关于某高校大学生创新意识和创新能力现状调查表明,高达96.7%的学生意识到创新能力的重要性,认为创新能力是大学生应具备的最重要的能力之一,同时,认为自己有很强或较强创新能力的学生分别仅占总数的2.2%和19.8%,61.5%的人认为自己创新能力一般,12.1%的人认为自己创新能力较低和很低。这一结果表明,现阶段高校学生的创造教育的成效有待提高。[①] 目前,大学生创造力教育仍处于起步阶段,还存在一些不足和误区。

1. 应试教育习惯,阻碍创造力发展

经过多年的基础教育改革,我国教育的整体质量有了显著的提升,然而"应试教育"仍然根深蒂固地影响着高校教育。很多大学生在高中阶段的学习,往往是围绕着高考这根"指挥棒"运转的,考试成了他们学习和生活中最重要的组成部分,教师和学生普遍追求一个正确答案,忽略自主学习的过程,不习惯质疑或寻求更多创新方法。

2. 忽视非智力因素,缺乏创新主动性

在基础教育阶段,我们往往重视学生的学业成绩,过分强调智商,而忽略了诸多非智力因素。教师采用"满堂灌"的方式进行教

---

① 蒋永荣,黎霜,秦永丽.大学生创新意识和创新能力现状调查与探讨——以生命与环境科学学院为例[J].高教论坛,2016(8):49-52.

学,忽略了学习者在学习中的主动性。知识灌输式的教育方式也使他们习惯于被动地接受,解决具体问题的能力较弱,明显缺乏创造性。即使是大学阶段的学习,这种状况仍未有显著的改变,很多大学生表示对大学课堂教育不满意,觉得教师的讲课枯燥无味,以至于上课就睡觉,考前背笔记,考完后全忘记,根本谈不上创新学习。

3. 缺乏条件基础,创造教育流于形式

虽然全社会鼓励大学生创新创业的整体氛围浓厚,部分高校领导层十分重视"双创"工作,但很多高校目前为大学生创新能力培养提供的条件基础还比较薄弱。例如,学校缺乏自由创新的环境氛围,对学生创新教育重视程度不够;学校提供的学生创新经费较少,硬件设施不足;教师在创新方面的引导和示范不够,教学模式陈旧,考核方式不够灵活;就业压力导致学生急功近利,缺乏远大理想,创新意愿不足。

课堂活动

自测:大学创造性气氛调查问卷

说明:本问卷根据企业创造性气氛问卷调查[①]改编而成,用于测量你所在的大学的创造性氛围。请在相应的评价分数上画圈,1=非常同意,2=同意,3=不确定,4=不同意,5=非常不同意。

序号	题目	非常同意	同意	不确定	不同意	非常不同意
1	我在受到批评时没有解释的机会。	1	2	3	4	5
2	我被鼓励尽可能地发挥创造性。	1	2	3	4	5

---

① 俞文钊.创造心理学——从创业到创新[M].上海:同济大学出版社,2020.

续　表

序号	题目	非常同意	同意	不确定	不同意	非常不同意
3	学校管理者评判学生的行动。	1	2	3	4	5
4	学校管理者允许工作的灵活性。	1	2	3	4	5
5	新的想法在学习中不被看重。	1	2	3	4	5
6	学校管理者对新的想法和变化是开放的。	1	2	3	4	5
7	我的导师控制我如何和何时完成工作。	1	2	3	4	5
8	我的导师理解我在工作中所处理的问题。	1	2	3	4	5
9	学校管理者对新的想法几乎没有尊重或兴趣。	1	2	3	4	5
10	我的导师尊重我的感觉、价值和想法。	1	2	3	4	5
11	我的学习环境几乎不存在灵活性。	1	2	3	4	5
12	我的导师保护我的创造性想法。	1	2	3	4	5
13	我的想法已经被其他人表达过了。	1	2	3	4	5
14	别人尊重我所带来的多样化。	1	2	3	4	5
15	我不得不小心地与学校管理者谈话，这样我才能被理解。	1	2	3	4	5
16	学校管理者在和学生打交道时没有显示高的地位和权力。	1	2	3	4	5
17	学校管理者对学生的想法给予信任。	1	2	3	4	5
18	我的导师尊重和信任我。	1	2	3	4	5

续 表

序号	题目	非常同意	同意	不确定	不同意	非常不同意
19	学校管理者对于信息是不公开的。	1	2	3	4	5
20	我有机会学习和体验新的事情。	1	2	3	4	5
21	学校管理者平等地对待每个人。	1	2	3	4	5
22	组织氛围鼓励创造性。	1	2	3	4	5
23	我的导师很少给学生精神上的支持。	1	2	3	4	5
24	我能够直率地和诚实地向我的导师表达我的想法。	1	2	3	4	5
25	有时我感到缺乏权力和知识。	1	2	3	4	5
26	我的导师与我交流想法使之能够被理解，但不会坚持要我同意。	1	2	3	4	5
27	我的导师使人很清楚谁是"老板"。	1	2	3	4	5
28	我有时间和资源用于创造。	1	2	3	4	5
29	学校管理者检查每一件事以确保工作顺利进行。	1	2	3	4	5
30	我受到奖励去进行适当的冒险。	1	2	3	4	5
31	学校管理者不允许犯错误。	1	2	3	4	5
32	学校管理者对情况清楚并分析且客观。	1	2	3	4	5
33	我的导师固执己见，我不能改变他的想法。	1	2	3	4	5
34	我的导师提供了合适的方向和反馈。	1	2	3	4	5

续　表

序号	题　　目	非常同意	同意	不确定	不同意	非常不同意
35	学校管理者认为他们的想法永远是对的。	1	2	3	4	5
36	我被鼓励去直接寻找问题的答案。	1	2	3	4	5

将奇数题号的18题的得分相加,得到"封闭气氛"得分;将偶数题号的18题的得分相加,得到"开放气氛"得分。分值对应的氛围类型:18～41分,封闭;42～65分,中立;66～90分,开放。

具有良好创造性氛围的组织有利于成员创造性的发挥,其特点是:(1)开放的,鼓励弹性和创造性;(2)理解的,从成员的角度看问题;(3)平等的,尊重个人的多样性;(4)培养的,刺激成员自由地表达想法;(5)创造的鼓励成员创造性地寻找答案;(6)描述的,给予明确的目标和具体的反馈。

三、突破桎梏——大学生创造力培养的途径

心理学家泰勒(Ralph Taylor)提出了一种用于培养学生创造力的三维课程模式。第一维是知识,即学生所学的学科知识,包括生物、物理、艺术、数学、语言、历史、音乐、各种技能等。第二维是心理过程,即学生学习学科知识的过程中发展起来的心理能力,以及所需的心理过程,包括认知、记忆、发散思维、聚合思维、评估、学习策略等智力因素,以及直觉、敏感性、情绪、情感、需要等非智力因素。第三维是教师行为,包括教师的教学方法、教学媒体,以及影响思维及学习过程的教师、学生和环境因素等。该模型强调通过学科教学来培养学生的创造力。

这一创造力培养理论虽然把研究的重点放在学校教学环境中的创造力培养途径,但也对其他领域中创造力培养有着重要的启

示。从该理论出发,关于大学生创造力培养,可以从以下几个方面进行探讨。

(一) 打牢知识基础,做好心理准备

人们常说,机遇偏爱有准备的头脑。其实,创新创造也是如此。众多科学家发明创新的事例表明,创造主体的心理准备状态是引发创造活动的重要先决条件。心理准备包括一定理论采择下的注意激活状态和认知引导倾向。人对自己感兴趣的东西及刻意寻找的东西会予以有限的注意和选择,而将其余置为背景。创造性知觉的产生需要以相关经验为基础。

知识是所有创造的基础,任何创造都是对已有知识的继承、批判和发展。知识的质量影响着创造的质量。一个人的知识越广泛,头脑中才越容易产生新思想、新观念。如果知识面太窄,即使产生了好的想法,也难以将它付诸实践。[①] 人的经验积累来自日常生活中的学习训练,只有对本学科及相关专业方面的知识储备足够丰富后,才能在遇到新问题情景时有经验准备,在经历一定的酝酿过程后,最终激发出创造性。

除了知识储备外,心理准备还包括情绪情感方面。创造主体的情绪情感状态对创造性活动也具有重要影响。求知欲和好奇心是人的天性,是对所从事活动的热爱,是重要的创造性内在动机。兴趣是人们对一定对象的认知倾向,使人对相关对象给予优先关注。与好奇心不同,兴趣更理性,持续时间更长。当人们从事自己感兴趣或爱好的活动时,会产生积极的情绪体验,即创造的热情。这种热情是创造活动得以维持的重要动力。人们常说,兴

---

① 李经天.大学生创造能力的培养[J].江汉大学学报,2000,17(2):85-87.

趣是最好的老师。因此,大学生在专业知识技能学习的同时,也要注重对所学专业的兴趣的培养和保持,真正地让自己爱上自己所学的专业,保持强烈持久的热情,积极投身于该领域的创造活动中。

(二) 创造性思维培塑

创造力是人的能力中最重要、最宝贵、层次最高的一种能力,其核心因素是创新思维能力,即创造性思维。创造性思维是人在强烈的创新意识驱动下,通过综合运用各种思维方式,对头脑中的知识、信息进行思维加工与组合,形成新的思想、新的观点、新的理论的思维过程。突破传统思维习惯,以新颖独创的方法解决问题的思维过程,都可以称为创造性思维。

与常规思维相比,创造性思维的特点是:(1) 流畅性,即思维活动畅通无阻,灵敏迅速,能在短时间内表达较多概念,提出更多解决问题的方案。(2) 变通性,即思维的灵活性,思路开阔,善于根据条件的变化迅速灵活地从一个思路跳到另一个思路,从多角度探索解决问题的方法。(3) 独特性,即思维的新颖性,独立思考,大胆质疑,不盲从,不迷信权威,能超越思维定势,以新视角认识事物,提出超乎寻常的新概念。

培养创造性思维,就是要培养非常规的思维方式,包括发散思维、聚合思维、联想思维、灵感激发等。

1. 发散思维的培养

发散思维又称为求异思维,是从已有的信息出发,沿着不同方向思考,重新组织记忆中的知识,产生多样性答案的思维形式。发散性思维在创造过程中的作用在于打破思维定势,提供多个思维方向或视角,发现和提出问题。在进行发散思维训练时,可以从以下方面着手：

（1）面对问题，尽可能快、尽可能多地给出各种解决问题的想法。

（2）不要局限在某一个想法上，要尽量给出不同种类的想法。

（3）设法给出不同寻常的想法，而不要满足于一般的想法。

（4）尽可能精确细致地描述新想法，不要泛泛而谈。

2. 发散思维的培养

与发散思维一样，聚合思维也是解决问题的重要思维方式。聚合思维又称为收敛思维，是指从已有的信息出发，根据熟悉的知识和经验，按照逻辑规则来获得问题最佳答案的思维方式。聚合思维空间具有闭合性，思维结果具有收敛性的特点，且思维过程要求充分利用已有事实经验，赋予答案以逻辑依据。培养聚合思维，应该注意从已有的知识、经验和条件出发，开展逻辑思维训练，注意培养严谨、细致思考的能力；学会提出假设，结合证实或证伪的方法，从而得出解决难题的正确方法。

3. 联想思维的培养

爱因斯坦说过，"想象力比知识更重要"。想象作为形象思维的一种基本方法，不仅能构想出未曾知觉过的形象，还能创造出未曾存在过的事物形象，是任何创造活动不可或缺的基本要素。创造性想象是根据一定的知识、经验和记忆表象，在头脑中创造出新的、前所未有的新形象。而联想思维就是创造性想象中的一种基本形式。联想思维是将一种事物的形象与另一种事物的形象联系起来，探索两者之间的共同或类似规律，由此及彼，举一反三，触类旁通，从而解决问题的思维方式。如何训练大学生的联想思维？我们应该遵循以下三个法则：

（1）相似联想法则，这是联想思维的最基本法则，是指尽量根据事物之间在形状、结构等方面的相似点进行联想,从而受到启发做出创新。

(2)相关联想法则,是指在思考问题时,尽量根据事物之间在时间或空间等方面的彼此接近进行联想。

(3)对比联想法则,是指在思考问题时,尽量将在形状、结构等方面存在差异,甚至是完全不同的事物进行联系。由于事物之间普遍存在相对或相反的关系,因此运用对比联想法则也能引发新的联想。

课堂活动

创新思维训练

请说出下面图像代表的意义,至少三个,越多越好。

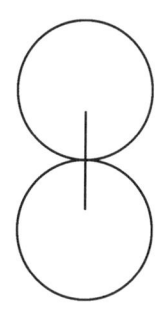

---

4. 激发创新灵感

灵感是创造者长期深思熟虑的产物,是思维品质提高的集中表现。它是思维变通性、流畅性、独创性和批判性品质的充分体现。灵感在科学发现、技术发明、艺术创作等活动中经常闪现,创造灵感是在有意追求过程中无意得之,所谓"踏破铁鞋无觅处,得来全不费功夫"。灵感作为潜思维的一种,能产生独特而惊人的创

新构思,在文学、音乐、诗歌创作中扮演着重要的角色。[①] 灵感具有以下几个特点:

(1) 突破性,灵感产生的结果必须是崭新的,往往是过去从未想到过的新思想、新观念、新主意,能打破常规思路,为人的创造性活动开辟一个新境界。

(2) 突发性,即不期而遇,突然降临,这是灵感最突出的特征。在放松状态下,或受某一事物的激发,人们会突发奇思妙想,这一过程往往不受思考者控制而突然发生。

(3) 瞬时性,灵感突然降临,又稍纵即逝,在头脑中只能停留几秒钟,往往在人们稍有所悟,还没来得及反应过来就飘然而逝。苏东坡曾感慨:"作诗火急追亡逋,情景一失后难摹",生动地描绘了灵感的这一特征。

(4) 激情性,灵感的产生往往伴随激情,使得创新者感到欣喜若狂,思维空前活跃,进入一种如痴如醉的状态,甚至表现出十分异常的行为。

灵感并非"神灵的感应",也不想人们想象的那么神秘。激发创造灵感的产生,需要注意以下几点:

(1) 灵感的产生需要一定的知识积累和长期的准备性劳动,积累是量变,灵感的产生是质变。

(2) 灵感的产生需要对问题的长时间集中思考,必须对问题的解决抱有浓厚的兴趣和强烈的愿望,对问题和相关资料进行长时间、反复的探索,才有可能产生灵感。

(3) 灵感的激发需要一定外部刺激的触发,例如,牛顿从苹果落地而提出万有引力的概念。

[①] 常顺英.大学生创造思维培养研究[J].中国高教研究,2001(11):49-50.

（4）培养即时记录灵感的习惯，灵感出现后通常稍纵即逝，如不及时记录下来，就会消失无踪。

（三）克服思维障碍

每个人都会形成一定的规定的思维习惯，这些常规化、习惯化的思维方式可能会阻碍创造性的发挥，如"做任何事情都应该遵守固有的规则"，"犯错误就是坏事情"，"任何事情都应该是清楚、明确而有序的"，等等。培养创造力，必须克服以下几种思维障碍：

1. 功能固着

功能固着是指人们把某种功能赋予某种物体的倾向。功能固着影响人的思维，不利于新假设的提出和问题的解决。要克服功能固着倾向，大学生在日常学习中，要学会多变换角度去思考问题，善于运用问题现场所提供的条件和物品，因地制宜、因陋就简地解决当前所面临的问题。此外，还要丰富自己解决实际问题的经验，熟悉周围事物的通常用途，了解其他可能的用途，才能在解决问题的过程中应付自如。

2. 心理定势

定势是指心理活动的一种准备状态，它影响着解决问题时的倾向性。当一种解决方法起效后，人们往往会习惯性地想用同一种方法来解决以后的问题，即使这种方法已经失效。常见的心理定势包括经验定势、权威定势、书本定势等，克服这些定势的阻碍，就能更好地激发大学生的创造力。

过去的成功经验可以让我们少走弯路，但如果过分依赖经验，形成固定的思维模式，就会削弱想象力，造成创造力的下降。怀疑是发现的基础，是探索的动力，也是创造的前提。高创造性的人善于怀疑，甚至敢于挑战权威。对权威的迷信会束缚人的思想，扼杀人的指挥,更不用说发挥创造性了。对待权威的工作和建议,不应采取盲从、迷信的态度。"读书破万卷",书本是知识的载体,但一切从书本出发,一味照本宣科,反而会带来消极作用。因此在广泛阅读的基础上,大学生还要擅长质疑与鉴别,使自己真正成为知识的主人。

延伸阅读

打破阻碍创造力的9种桎梏

1. 时间陷阱:创造性过程需要花费额外的时间,但很多人认为太忙了,完成本职工作已经不错了,还要腾出时间来幻想是不现实的。

2. 风险业务区域:认为创造性是怪诞的、不可靠的结果,害怕冒险,喜欢求稳、维持现状。创意带来的变革是有风险的。

3. 完美主义者难题:陷于至善至美的思维,不断追求、维持现状的完美。害怕新的、革新的方法可能会带来不甚完美的结果,所以不敢去尝试。

4. 非错即对思维:想法容易走极端,没有中间地带。然而生活中的很多问题没有对错,创造性也存在灰色地带,很多想法混合在一起,蕴含着创新的火花。

5. 自我实现预言:自我实现预言告诉你,你会成为你想成为的那种人,但不良的自我暗示,如"我不是个有创造性的人",则会制约和阻碍创造性的发挥。

6. 底线思维:不是每个创造性想法都会带来成功,底线思维使人坚持创造性会带来浪费,宁愿保底盈利,也不支持进行革新,白白丧失了发展的机会。

7. 环境阻碍:有的人总是用没有适合的环境条件为借口,拒绝进行创造尝试,殊不知创造性更重要的在于自身,开放自己的头脑,敢想敢做才能成功。

8.唯一正确答案：好的答案往往是建立在一定数量的基础上的，过早确定唯一答案就会使人裹足不前，其实是将更多更好的答案拒之门外了。

9.平稳水面：一些人被困在墨守成规的平稳水面里，把创造性视为风浪，害怕变化，常常会说"这样行不通的"或"我们去年已经试过了"。

（四）塑造良好的创新环境

影响和阻碍人们创造力培养的因素主要来自自身和社会两个方面。对大学生来说，所在高校的创新氛围对个人创造力的培养至关重要。良好的创新创业文化氛围，能够增强大学生的想象力与好奇心，促进其萌发创新创业的意识。

对于高校而言，首先，要不断丰富校园文化，把创新创业文化融入校园文化建设中。可以广泛宣传本校创新大赛获奖学生及创业成功的企业家的创业经历，激发学生创新创业的意识。其次，要组织多种多样的创新实践活动。如组织大学生参观企业，了解市场需求；组织策划创新创业竞赛，使大学生通过比赛锻炼创新技巧；开展创造性思维方面的训练活动，使大学生掌握相关理论知识和技能；创设模拟创业环境，让大学生了解整个创新创业流程，促进问题解决能力的提高。①

大学生创新人才培养，还需要高校建立一支优质的指导教师团队，多方位培养大学生科研能力。引导自主选题立项，系统化培

---

① 回宇.大学生创新创业心理素质培养路径研究[J].中外企业家,2019(23):218.

养大学生创造性思维;扩大创新人才培养规模,拓展科研项目形式。[1] 在这样一个团队里,大学生能够从导师和团队成员身上,学习借鉴更多更好的创新研究方法和技巧,并在项目实践中锻炼自己的创造能力。

当然,团队对大学生的创造力培养也可能产生消极作用,例如,当团队成员对某一问题有不同观点时,特别是导师的意见,会对个体产生一定的群体压力,使其成员产生顺从团体的倾向。是克服从众心理,坚持自己的独创性思想,还是人云亦云地随大流,放弃自己的不同意见,影响着群体中每一个成员创造力的培养。因此,创新团队要注重宽容、自由的团队风格建设,尊重团队成员的独立性,形成良好的讨论氛围。

大学生要善于听取和分析团队成员中的不同意见,学会在讨论中进行思想碰撞,适当时候要敢于坚持自己的观点。要敢于挑战权威,不妄自菲薄,切忌对自己的想法进行过多的评判。一种新思想在产生之初,难免会有缺陷和漏洞,甚至在别人看来是无聊和荒谬的。但是,正是这些看似不太成熟的想法,经过后期反复的改进完善,可能就会成为闪光的金子。过早地评判会阻碍创造性想法的产生。

延伸阅读

什么是头脑风暴?

头脑风暴法(Brainstorming)又称为智力激励法。它的创始人是美国创造学和创造工程之父、美国广告公司 BBDO 的奥斯本(Alex Osborn)。他在《创造性想象》一书中指出,这种方法能够在社会、经

---

[1] 王红娟,等.大学生创新人才培养模式的探索[J].药学教育,2022,38(1):5-8.

济、体育、新闻、科技、军事、生活等很多方面提供有效的服务。

1939年,他在公司首先采用了有组织地提建议的方法,称为"闪电构思会议"。每个参加者必须快速思考和闪电般地构思。后来,他据此设计出一种新的会议形式,在会议上每个人都可以自由地发表自己的观点。当有人抛出一个想法后,就会激发其他与会者的想象能力,从而激起一系列的联想性反应。在这个过程中,不对任何人的观点做任何评价。奥斯本认为,这种暂缓评价对创造力的发挥具有积极作用。

(五)提高心理健康水平,享受创造过程

许多人有这样的经验:尝试解决一个问题无果时,把问题暂时搁置一段时间,几个小时或几天,去做点与之无关的其他事情,然后回过头来问题迎刃而解。例如,某位高校学生解答一道复杂的数学题,百思不得其解,感到很沮丧。于是他决定放下习题,去做另一个学科的作业,想些别的问题。过了不久,他突然闪现一个新的念头,茅塞顿开,最终找到了解题思路。

这种现象被称为"酝酿效应"。心理学家西尔维拉(Jeanette Silveira)曾做过一个实验:研究者让被试解决一个难题,控制组被试用了半小时完成任务,其中55%的人成功解决难题;实验组被试也用了半个小时解决,但中间插进半个小时来做其他事情,结果发现有85%的被试解决了难题。这种正确率的提高,可能是由于中间穿插的任务打破了初期的定势效应,暂时不去想这个问题,让不恰当的解决步骤的影响消失,再从头开始思考,采取全新的解决方案。

对于正处于学习阶段的大学生来说,创新过程难免会遇到这

样那样的挫折,不可能总是一帆风顺。大学生可以在创新创业活动的高挑战性中获得成就,同时也要承受其高度的不确定性和风险性。这就要求大学生具备健康的心态和良好的心理调整能力。缺乏创新效能的个体可能会产生更多不良外归因,从而出现焦虑、偏执、冷漠、逃避的心理与情绪反应,甚至产生悲观、绝望等心理问题。[①] 因此,千万不要因为暂时的瓶颈期而气馁,也不要因为一时的裹足不前而轻易放弃。要学会放松自己,精神放松有助于潜思维摆脱思维的控制,你的头脑中就更容易形成一些看似"荒诞"的思想组合,而这些新的思想中就有可能蕴含着解决问题的最佳答案。

---

① 朱楠楠,孙国庆.大学生创新效能感与心理归因的关系[J].中国农村卫生事业管理,2018,38(10):1346-1348.

推 荐 书 目

1. 阎力.创造心理学[M].上海：华东师范大学出版社,2016.
2. 俞文钊.创造心理学——从创业到创新[M].上海：同济大学出版社,2020.
3. 希斯赞特米哈伊.创造力：心流与创新心理学[M].黄珏苹,译.杭州：浙江人民出版社,2015.

第九章 入职匹配,科学发展
——大学生职业生涯与心理健康

一、应变之学——职业生涯概述

据央视新闻报道,2022届高校毕业生规模预计1 076万人,同比增加167万,大学生就业压力持续处于高位。当前社会环境发生了巨大的变化,一方面,全球化、互联网和新科技高速发展、社会文化多元化等加剧了社会的不确定性;另一方面,受到近几年全球经济下行,突发的新冠疫情,国内"双减"政策的落实等因素影响,很多行业遇到了新的挑战。因此,处在社会激荡之中的"00后"大学生们,正面临着愈加复杂多变的职业环境,他们的自我概念、价值观、职业认同、人生规划等都随之发生着变化。职业生涯之路,大学生如何抉择?

(一) 职业生涯和职业生涯规划的概念

职业生涯,是指人的一生中与工作、职业有关的生命历程。根据舒波(Donald Super)的生涯发展理论,大学生正处在职业生涯的探索期,内心充满了迷茫,"要如何度过大学四年?""将来我应该找什么样的工作?""我是谁?""我能做什么?"他们需要通过积极的自我探索和职业探索,对职业生涯进行合理的规划,方可逐渐拨开迷雾。

黄中天教授认为,职业生涯规划是指在考虑个人智力、性格、价值,以及阻力和助力的前提下,做出合理安排,并且借此调整和摆正自己在人生中的位置,以期自己能适得其所,获得最佳发展和自我实现。

大学生职业生涯规划就是大学生通过对自我的理解和探索,以及对职业的理解和探索,做出恰当的生涯决策,并执行决策,从而实现自我价值。它是大学生探索职业定向的第一步,也是其职业观、人生观、价值观确定的开端。

(二) 职业生涯规划的益处

虽然很多大学生对职业生涯规划这个名词不会感到陌生,但是真正了解职业生涯规划的比例并不高。通过职业生涯规划,大学生将获得很多的益处:

(1) 职业生涯规划能帮助大学生明方向、立目标。明确的职业目标就像动力系统与导航系统,能唤醒大学生的人生理想,让他们有加油向未来的冲劲,合理地安排大学四年的学习和生活,增加就业成功的机会。

(2) 职业生涯规划有利于大学生把握个人命运。生涯心理学强调个人特质与环境特质的匹配,以及主动塑造性,这与中国人对"命运"内涵的解读观点相通。生涯规划使大学生积极顺应时代,拥抱时代,从而更好地把握个人命运。

(3) 职业生涯规划能帮助大学生建立清晰的自我定位。在职业生涯规划过程中,大学生对自己的人格特质、兴趣爱好、能力、价值观,以及优势与不足等方面进行深入的自我剖析,促进自我同一性的发展,建构使命,更好地实现自我。

（4）职业生涯规划能帮助大学生更好地应对社会环境中的多变与不确定性。生涯之学即应变之学，大学生树立生涯规划意识，能促进他们多实践，及时行动，发展自我管理能力，从而提高生涯适应力，即个体应对社会变化和保持与环境和谐的能力。

延伸阅读

蔡志忠的生涯故事

蔡志忠4岁半时发现自己很会画，很爱画，从此他立志要一生一世画下去。15岁时，蔡志忠初中辍学来到台北，成为职业漫画家。后来，台湾地区整顿漫画市场，漫画书籍从此滞销。蔡志忠失业了。怎么办？蔡志忠找到了答案，他开始学习动画制作，并于28岁时创办了远东卡通公司，制作了《老夫子》《乌龙院》等动画电影。但是，比起动画，蔡志忠最热爱的依然是漫画。因此，36岁时，蔡志忠关停了动画公司，前往日本学习漫画。后来，蔡志忠出版了《庄子说》《老子说》等古籍的漫画版。2013年，人民教育出版社推出首套"漫画版"中小学传统文化课程教材，共选择了蔡志忠漫画中的260个故事，编入教材。

从蔡志忠的故事中，我们看到了立志与目标的意义。他曾说："我们打开门走出去，是知道要去哪里。"也看到了发现自己的优势与兴趣的意义，正如蔡志忠所言："一根草一滴露，每片草不论大小，上面都有一滴差不多的露珠，每个人都有自己的特长，找到自己最喜欢最拿手的事情，做到极致，就能成功。"那么，你喜爱又擅长的是什么呢？

课堂活动

自我检视练习

1. 准备两张A4纸，在左边的纸上写下你喜欢的东西，右边的纸上写下你擅长的东西。

2. 结合两张纸上写的内容,找出你既喜欢又擅长的。

3. 两人一组,轮流分享完成上述活动中的感受与想法。

二、何去何从——大学生职业生涯困扰

(一) 大学生职业生涯困扰的主要表现

从高校迈向职场,这是大学生在生涯角色上面临的重大转变,从大一新生到毕业生,大部分人都曾感到迷茫或困惑,他们的生涯困扰主要包括:

(1) 专业与学习困扰。认为目前所读的科系不是自己所期待的,不知道所学专业和未来职业有什么关系;对目前的学习状况不满意。

(2) 意志薄弱。容易受到外在因素的影响而改变自己生涯方向的选择。

(3) 信心不足。担心自己的实践经验或个人条件不足,担心现实环境或时机问题,影响其采取与生涯发展有关的行动。

(4) 决策干扰。受到某些因素的干扰不能果断决策,比如犹豫的态度、个人刻板印象(如性别的刻板印象)等,让大学生犹豫做决策或不能尽全力去做准备。

(5) 方向不明。对于未来的发展方向不确定。

需要注意的是,年级、专业、性别、学业成绩、地域等因素上不同的大学生,其职业生涯困扰的程度与表现也会有所不同。

(二) 造成大学生职业生涯困扰的个人因素

造成大学生职业生涯困扰的原因主要包括:自我内部的因

素、他人外部的因素,以及社会/经济环境的因素等,这里将重点探讨个人层面的因素。

(1) 缺乏对自我的认识。大学生往往自我概念模糊,对自我的兴趣、人格特质、能力、价值观等认识不足。有些大学生自我效能感偏低,自信不足,有些大学生则可能过于自信,导致对职业的期望过高。

(2) 缺乏对职业的认识。大学生往往接触的职业信息太少,对工作世界的探索不足。

(3) 职业生涯发展目标模糊,生涯使命感不强。很多大学生没有很好地将职业目标与人生目标结合起来,在职业生涯中实现自我价值的意识不足。

(4) 存在一些非理性的生涯信念。比如有研究发现,大学生由于缺乏社会阅历和实践经验,普遍存在对生涯选择抱有完美或绝对适当的预期,认为工作应尽可能满足自己各方面的需求。

(5) 其他。消极的个人应对方式,缺乏社会支持等因素。

可见,缺乏对自我的探索与职业的探索,是造成大学生职业生涯困扰的重要原因。舒波认为,若因信息不足,在自我认知与对职业世界的知识之间造成落差,将在生涯规划上遭遇困难。

因此,对自我与职业及其适配性进行积极的探索,树立个人初次职业目标,对大学生职业生涯发展尤为重要。

三、如其所是——大学生自我探索

大学生自我探索回答"我是谁"的问题,通过深入剖析,对自己有一个全面、客观、清醒的认识,主要包括对兴趣、性格、能力、价值观等方面的探索,这是大学生职业生涯规划的前提。

(一) 兴趣

杨振宁说:"成功的秘诀在于兴趣。"就像蔡志忠,因为热爱画画而成就了自己的一生。兴趣能为职业生涯提供动力,同时可以推动能力的培养。大学生如何寻找到自己的兴趣?

霍兰德提出了职业兴趣类型论,他认为个体在成长过程中形成了一定的人格特点,会对某些特定活动有偏好,相应的,不同的职业也会吸引特定的人进入,构成不同的职业环境。他将大多数人的职业兴趣和职业环境归纳成了6种类型:实用型(Realistic type)、研究型(Investigative type)、艺术型(Artistic type)、社会型(Social type)、企业型(Enterprising type)和事务型(Conventional type)。

霍兰德的六角形模型(图9-1)描述了各种职业之间的相似程度,任意两种类型之间的距离越近,就表示职业类型越具有相似性。反之,距离越远,表示职业的一致性越低。根据霍兰德的假设,每个人会追求与自己同类型的工作环境,这类环境能契合自己

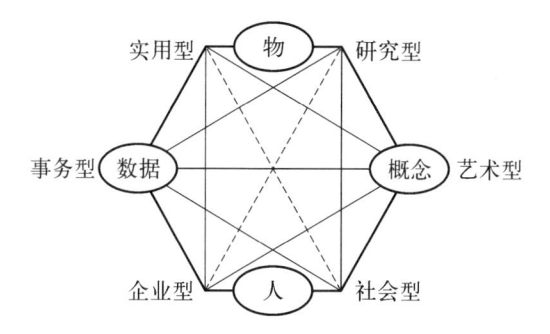

图9-1 霍兰德的六角形模型[①]

---

① HOLLAND J L. Making vocational choices: A theory of vocational personalities and work environments[M]. 3rd ed. Odessa: Psychological Assessment Resources.

的个性,施展自己的能力,展示个人的价值,能使人胜任职业角色和更好地解决问题。

表9-1 霍兰德6种兴趣类型的特征一览

	兴 趣 类 型					
	实用型	研究型	艺术型	社会型	企业型	事务型
个人特征	顺从、温和、脚踏实地、诚实、有恒心、稳定、节俭、害羞、谦虚、实际,喜欢用实际行动代替言语表达	个性独立、理性思考、智慧、有逻辑、抽象思维能力和分析能力强、知识渊博、内向、好奇、重视方法	崇尚自由、富于幻想、不实际、直觉思维强、善于表达、热情、独立、冲动、情绪化、无条理、不从众、有丰富的想象力和创造力	乐于助人、关心人胜过关心事、慷慨仁慈、善解人意、宽容、有责任感、温暖、同理心强、敏锐、合作,容易与人相处、强调人类的核心价值,如理想和友爱	爱冒险、善于交际、精力充沛、外向、自信、生活紧凑、个性积极、有冲劲、有野心、易引人注意、希望成为团体中的领导者	做事按部就班、有条理、缺乏想象力和灵活性、偏保守和谨慎、喜欢安定、注重细节、责任感强、不爱创新、改变和冒险
喜欢从事的活动和职业环境特征	喜爱具体明确,需动手操作的工作环境,对需要技术、体力的活动表现出兴趣。较不喜欢需要社交、与人接触的活动	喜欢探索未知问题,喜欢从事独立、需要运用抽象思维进行思考和富有创造性的活动。较不喜欢领导、竞争等需要企业能力的工作	喜欢自由、富有创意的工作环境,乐于从事需独立思考、艺术创作性的活动。不喜欢受人支配,较不喜欢坐班,不喜欢做文书处理等传统性的工作	喜欢帮助他人有关的工作,喜欢工作场所有各种经验交流、心理沟通等。较不喜欢从事需要技术、体力等机械操作方面的工作	喜欢重视升迁、绩效、权力和竞争的工作氛围,喜欢领导和支配他人,喜欢说服他人和推销自己的观点。不喜欢花太多时间做科学研究	乐于配合和服从,喜欢在他人领导下工作,喜欢注重组织和规划的工作氛围。较不喜欢从事艺术活动

续　表

	兴　趣　类　型					
	实用型	研究型	艺术型	社会型	企业型	事务型
典型职业	工程师、农事工作人员、机械操作人员、工厂技术员、测绘员等	计算机程序员、大型企业研发人员、自然科学和社会科学研究人员等	演员、音乐家、艺术编导、摄影师、画家、设计师、文学评论人员、编辑、主持人、作家等	医护人员、心理咨询师、教师、社会工作者等	职业经理人、企业家、商人、销售人员、律师、保险代理等	秘书、会计、档案管理员、行政人员

个人的兴趣类型可能不止一种,大学生可以根据霍兰德的《职业自我探索量表》(SDS)来进行测量,从兴趣角度诊断个人与职业的适配性。

课堂活动

生涯度假计划

说明:本练习根据金树人等人在《生涯兴趣量表》[①]中设计的活动稍作改编,用于探索人们感兴趣的领域。

假设你有7天假期,旅行社经理介绍了6座有特色的岛屿:

第一座岛屿的代号是A,岛上布满了美术馆和音乐馆,当地居民保留了传统的舞蹈、音乐、绘画等艺术传统,很多文艺界人士来这里寻找灵感。

第二座岛屿代号是S,岛上发展出一套别具特色的教育方式,小区自成一个服务网络。岛民个性温和、友善,互助合作。

---

① 金树人.生涯咨询与辅导[M].北京:高等教育出版社,2007:66-67.

第三座岛屿代号是 E，岛民豪爽热情，善于岛屿贸易，岛上各种高级旅馆、高尔夫球场等林立，十分热闹，很多企业家、律师等人士在此来往。

第四座岛屿代号是 C，十分现代化，已呈现都市形态，一切井然有序，以完善的户政管理、金融管理等见长。岛民个性冷静，处事有条不紊。

第五座岛屿代号是 R，岛上保留着原始森林，还有动物园、水族馆等。岛民以手工见长，自己种植菜蔬、修葺屋舍、打造器物等。

第六座岛屿代号是 I，此岛与其他岛屿距离较远，可以夜观星象，也有助于思考，岛上很多天文馆、科博馆以及科学有关的图书馆。岛民喜好沉思，很喜欢与来自各地的哲学家、科学家、心理学家等交换心得。

问题：了解了这 6 座岛屿后，你觉得在哪些岛上度假最自在？一共 6 天的居住时间，你选择在哪 3 座岛上居住？各停留几天？

我最想去的是：_____岛_____天

其次是：_____岛_____天

最后是：_____岛_____天

结果说明：A 代表的是霍兰德兴趣类型中的艺术型，S 代表社会性，E 代表企业型，C 代表传统型，R 代表实际型，I 代表研究型。从你想在哪些岛呆多少天，来初步判定自己的兴趣经验，想待的时间越长，说明兴趣度越高。

(二) 性格

性格是指个人对现实的稳定的态度和习惯化了的行为方式，它也是影响职业生涯的重要因素之一。大学生可以通过对自己的性格进行分析,提高性格与职业的契合度。

1. 性格探索——大五人格理论(OCEAN 理论)

这是目前在学术上主流的人格理论,它将人格分为了五个维度。

(1) **神经质**:低神经质的人表现为情绪稳定,不容易紧张、焦虑、抑郁和冲动,攻击性低,得分高则反之。有研究发现,高神经质的人会更多启动反思模式,更想要改变,所以可能更有创新意识。高神经质的人害怕失败,这可能驱动他们更努力等。

(2) **外向性**:反映了主动交往他人的倾向,外向性高的人充满活力,喜欢玩乐,爱社交,喜欢成为注意力的中心。外向性低即内向性高的人更喜欢独处,文静而含蓄,对人际交往不感兴趣。

(3) **尽责性**:反映了控制冲动和坚持追求目标的倾向,尽责性高的人努力获得成就、勤奋、守时、有条理、可靠、审慎,他们对长期目标感兴趣,喜欢提前制订计划。低尽责性的人比较冲动,不太受拘束,不以成就为导向,做事虎头蛇尾,比较缺乏责任心。

(4) **宜人性**:宜人性高的人倾向于利他和合作,体贴入微,富有同情心,他们乐于助人,愿意做出让步,他们真心喜欢他人,认为每个人都是善良的、值得信任的。宜人性低的人倾向于利己和竞争,他们更有可能怀疑他人的意图,比较冷静、敌对。

(5) **开放性**:开放性高的人富有艺术性,不人云亦云,喜欢思考和学习新东西,能接受新观念。开放性低的人喜欢明确、熟悉的事物,不太喜欢复杂、模棱两可、新奇的事物,他们往往比较保守,传统,不太喜欢改变。

这五个维度在每个人身上都存在,只是得分存在高低,比如神经质维度,有人是 5 分(高),有人是 3 分(中等),有人可能是 1 分(低)。而且五个维度之间会不断地相互影响,所以在人格特质的表现上,存在着 N 种可能的组合,如一个人可能是高外向性、中等神经质、低宜人性、高尽责性和中等开放性。

2. 提高个体性格与职业生涯的适配度

(1) 通过探索性格,帮助大学生更清晰自己适合做什么。有大量的研究结果表明大五人格特质与职业发展的关联,比如,外向性和销售人员的业务表现及领导力有关,创业型人才一般开放性比较高等。

理解我们的性格里包含什么,可以思考怎样利用这些信息帮助自己做出明智的选择。比如外向性高的人适合律师、营销人员、管理人员、记者、电商运营、保险经纪人等职业,而内向性高的人适合互联网文案、编辑、平面设计师、市场研究专员等职业。与此同时,我们不能忽略两个事实:

第一,在分析自己与职业的适配性时,要综合考虑自己在各个维度上的特征。大五人格的五个维度是组合的,它们之间互相影响,一个外向性和开放性都高的人,可能是比较机智幽默的,一个开放性高但是外向性低的人,可能倾向于有洞见、善深思。

第二,要看到职业的多面性。比如,你想从事助人的工作,但你的宜人性较低,并不适合做志愿者或者专业的咨询师,怎么办?实际上,低宜人性能让你成为头脑冷静的组织者与决策者。公益组织中那些宜人性高的志愿者充满善意,但往往不能理性运营这些组织,而你却适合从事公益组织运营的工作,同样可以达成你助人的理想。

(2) 基于性格探索,帮助大学生发现自身不足的地方,找到行为改变的方向,以更好地适应未来的职业生涯。性格是相对稳定的,探索性格并不是为了改变性格本身,但是性格会受到情境因素的制约,而情境因素是比较容易改变的,同时与性格有关的行为表现也是可以改变的。

举个例子,一个人偏内向,但他的工作需要经常与人沟通,他可以改变情境因素,比如从线下到线上,多运用社群、微信、电子邮件等线上沟通方式,创设让自己感到更舒适的工作环境。

再举个例子,大部分企业都很看重应聘者的尽责性,如果一个人发现自己尽责性较低,在行为上的表现之一是不守时,那他可以通过一些方法来改变不守时的行为,提高自己与职业的匹配度,为自己赢得更多的职业机会。比如,要求自己比约定的时间提早15分钟出发,一周都做到了守时就及时自我激励等。

课堂活动

自测:纽卡斯尔人格自测表[①]

以下是关于行为与想法的一些描述,请评估它们和你的实际情况相符合的程度,从非常不典型到非常典型。

题 目	非常不典型	不典型	中立	典型	非常典型	得 分
Q1 主动和陌生人交谈。						
Q2 确保其他人感到舒服和快乐。						
Q3 创作艺术品,写作或创作音乐。						

---

① 英文版问卷来源:Newcastle Personality Assessor(NPA)| SpringerLink。中文版问卷参见:内特尔.人格:认识自己,做更好的你[M].舒琦,译.北京:中信出版集团,2020:320-323。

续表

题 目	非常不典型	不典型	中立	典型	非常典型	得分
Q4 会提前做好充分的准备工作。						
Q5 感到沮丧或抑郁。						
Q6 策划聚会或社交活动。						
Q7 冒犯他人。						
Q8 思考哲学问题或精神层面的问题。						
Q9 让事情陷入混乱。						
Q10 感到焦虑或担忧。						
Q11 使用晦涩生僻的词汇。						
Q12 对他人感同身受。						

计分说明：

1. 问题7和问题9为反向计分，非常不典型=5分，不典型=4分，中立=3分，典型=2分，非常典型=1分；其他问题，非常典型=5分，典型=4分，中立=3分，不典型=2分，非常不典型=1分。

2. 外向性得分=Q1+Q6，神经质得分=Q5+Q10，尽责性得分=Q4+Q9，宜人性得分=Q2+Q7+Q12，开放性得分=Q3+Q8+Q11。

3. 外向性、神经质和尽责性，2~4为低分，5~6为中低分，7~8为中高分，9~10为高分；宜人性，10或以下为低分，11~12为中低分，13为中高分，14~15为高分；开放性，8或以下为低分，9~10分为中低分，11~12为中高分，13~15为高分。

（三）能力

能力指顺利完成某种活动所必需的，并且直接影响活动效率的个性心理特征,它是有效完成活动任务和掌握知识、技能的一种主观条件。进行职业生涯规划时需要考虑个人能力与职业环境的匹配情况,如果能力无法匹配岗位,个体容易感到挫败,降低职业幸福感;反之,能力与岗位匹配时,个人能更好地发挥自己的潜能,获得成就感。

1. 客观评估你的能力与技能

能力可以分为一般能力和特殊能力,一般能力指在不同种类的活动中均表现出来的能力,如观察力、记忆力、思维力、想象力等,而特殊能力指某种专业活动中表现出来的能力,如音乐能力、文书能力等。有许多的工具与方法被开发出来,用来测量个体的能力,如测量智力的瑞文标准推理测验(SPM)、一般能力倾向成套测验(GATB)等,用于测量个体的言语能力、数字推理能力、空间能力、操作能力、身体运动能力等。

个体经过学习和练习,就能培养形成技能。理查德·博尔斯(Richard N. Bolles)将技能分为三种类型:可迁移技能、专业知识技能和自我管理技能。

可迁移技能指可以从一个专业转移到另一个职业的技能,也叫做"通用技能"或"功能性技能",这些技能往往可以用动词表示,如管理、沟通、计划、预测、统筹、执行、选择、控制、识别、阅读等。

专业知识技能指需要经过教育和培训才能够获得的知识与技能,它多与专业学习或工作内容直接相关,但是不能够迁移。这些技能也叫做"专长",往往可以用名词表示,如英语、计算机、美术、股票市场、时尚、数据等。

自我管理技能通常用形容词或副词来表示,如耐心、有创造性、可靠、灵活、有条理、坚持不懈、守时、负责等。这些技能常被看作个性特征,是个体自我管理和约束的方式,往往是基于个人经历形成的,它使得个体的可迁移技能以某种风格呈现。

斯坦福大学心理学家约翰·克朗伯兹(John Krumboltz)认为,当前职业发展的核心,正是这种更高层次的自我管理的技能,好奇、坚持、乐观和主动正成为人们在面对当今环境快速变化的时代所需要具备的核心技能。

运用上面提到的一些科学的测量工具与评估方法,大学生能对自己的能力有更客观的认知,过度自信或妄自菲薄都不利于个体职业生涯的发展。过度自信,容易导致眼高手低,由于过分高估成功的可能性而出现"轻敌",打无准备之仗;妄自菲薄则容易导致退缩,觉得自己没有什么擅长的,缺少尝试挑战的勇气。

课堂活动

绘制我的能力/技能地图

第一步:自我评估——在10分钟内写出自己所具备的能力和技能。

(提示:如果完成这项任务有困难,可以想想你看过的电影或电视节目、读过的书或是其他你崇拜的人,他们的哪些能力让你印象最深刻或令你最佩服,寻找那些吸引你的点,看看你和他们有没有什么共同的能力。)

可迁移技能:_____

_____

专业知识技能:_____

_____

自我管理技能:_____

_____

其他能力：＿＿＿＿＿＿＿＿＿＿＿＿＿＿＿＿＿＿＿＿

第二步：给你的能力/技能赋值——用 1~5 分给上述能力/技能打分，5 分表示你认为是自己很有优势的能力/技能，1 分表示优势不明显的能力/技能。

第三步：绘制我的能力/技能地图——基于前两步的结果，绘制"我的能力/技能地图"，打分 4~5 分的归入"核心优势区"，3 分的归为"中等优势区"，1~2 分的归为"一般优势区"。

2. 发展你的能力——放大能力优势，培养成长型思维

绘制完上述地图，有些人可能评估自己能力不足，从而陷入焦虑情绪。意识到能力不足，怎么办？

一是深耕能力的核心优势区。有句谚语，"一根草一滴露"。盖洛普提出，个人的进步可以通过让已有的特长和优势变得更加优秀来达到。每个人都有自己独特的能力优势，可以在这些方面加以深耕，将长处放大，并运用到极致，在能充分发挥自己能力的职业上实现自我的价值。

二是培养成长型思维。如果想进入某个职业领域，但认为自己能力有所欠缺，怎么办？心理学家卡罗尔·德韦克（Carol S. Dweck）提出了成长型思维，他认为能力不是一成不变的，而是可以通过后天努力来获得和提升。事实上，认知神经科学研究已经证实了大脑的可塑性，大脑就像肌肉，多使用它，它就会变得更强壮，成长就掌握在自己的手里。

因此，当我们发现自己能力有所欠缺时，可以调整自己的思维模式，比如将"我不会……"句式调整为"我还不会……"，"我

阅读能力不强"改为"我要训练我的阅读能力"。思维模式变化，我们的情绪与行为模式也会相应地发生变化，当我们相信能力通过努力可以掌握，就有更强的内在驱动力去发展自己想要提升的能力。

(四) 价值观

在生活中，我们都会去追求那些自己认为有价值的目标，这些目标就是价值观。对个体来说，价值观不仅暗示着目标行为，同时也是这些目标不断进化的评价标准。有研究发现，大学生职业生涯意识不强的原因之一，就是职业价值观模糊。

什么是职业价值观？金盛华等人定义为个体评价和选择职业的标准[①]，比如一个追求社会促进的人会从事公益、教师、咨询师等助人的工作，一个追求成就实现的人会选择竞争性更强的一些职业，如企业管理者、科研人员等。

在社会多元化发展的大环境下，加上大学生普遍社会阅历不足，他们往往面临着多种价值观的混乱与冲突，对自己想要什么不清晰，这将给职业生涯带来消极影响，因此大学生需要对自己的职业价值观进行梳理与澄清，发挥价值观对个体职业决策的积极作用。

1. 探索个体的职业价值观，为职业生涯决策提供参考

基于罗克奇的工具性价值观和终极性价值观理论，金盛华等人提出了大学生职业价值观的结构(图9-2)。

---

① 金盛华,李雪.大学生职业价值观：手段与目的[J].心理学报,2005,37(5)：652-657.

目的性职业价值观	个体评价和选择职业的内隐的动机性标准	家庭维护
		地位追求
		成就实现
		社会促进
手段性职业价值观	个体评价和选择职业的外显的条件性标准	轻松稳定
		兴趣性格
		规范道德
		薪酬声望
		职业前景
		福利待遇

图 9-2　大学生职业价值观结构[①]

目的性职业价值观影响手段性职业价值观,同一目的可以通过多种手段达到。大学生可以参照此结构框架,对自己的职业价值观进行探索,了解自己在做职业决定时,哪些因素是最重要的,哪些是次重要的,哪些是不重要的,澄清自己内心真正最渴求的东西,这样更容易获得职业成功,并提升职业满意度与生活幸福感。比如,如果最重要的职业价值观是家庭维护,个体就可能倾向于选择离家近、工作时间弹性较强、工作生活能够更好平衡的一些职业,如行政人员、教师、自由职业者等。

课堂活动

职业价值观自测[②]

就选择职业来说,下列条目的重要性如何? 5＝非常重要,4＝较

[①②] 金盛华,李雪.大学生职业价值观:手段与目的[J].心理学报,2005,37(5):652-657.

重要,3=一般,2=较不重要,1=很不重要。根据你的实际情况选择答案。

目的性职业价值观问卷

条目(目的)	很重要—不重要				
a2. 工作能使我提高我国在该行业的世界竞争力。	5	4	3	2	1
a7. 工作能使我和未来配偶在一个城市。	5	4	3	2	1
a8. 工作使我改变目前令人担忧的社会现状。	5	4	3	2	1
a19. 工作能使我发挥自己的创造性。	5	4	3	2	1
a22. 工作能使我为社会发展创造价值。	5	4	3	2	1
a33. 工作能使周围人羡慕我。	5	4	3	2	1
a35. 工作能使我实现个人的抱负和目标。	5	4	3	2	1
a36. 工作环境能磨炼我的个人能力。	5	4	3	2	1
a38. 工作使我施展个人的能力和特长。	5	4	3	2	1
a42. 工作使我方便照顾父母。	5	4	3	2	1
a44. 工作能和家庭不相冲突。	5	4	3	2	1
a51. 工作能使我有高于一般水平的年薪。	5	4	3	2	1
a53. 工作能使我容易晋升到高地位。	5	4	3	2	1
a54. 工作能使我受到重视。	5	4	3	2	1
a55. 工作带给人激情。	5	4	3	2	1
a61. 工作能使我享受高地位的个人空间。	5	4	3	2	1

注：a7/a42/a44属于"家庭维护"，a33/a51/a53/a54/a61属于"地位追求"，a19/a35/ a36/a38/a55属于"成就实现"，a2/a8/a22属于"社会促进"。

手段性职业价值观问卷

条目(目的)	很重要——不重要				
a4. 单位有很好的发展前途。	5	4	3	2	1
a5. 单位的上司和同事好相处。	5	4	3	2	1
a6. 在该领域积累了一定的朋友圈。	5	4	3	2	1
a15. 单位少有改革或风险。	5	4	3	2	1
a16. 单位提供住房或住宿。	5	4	3	2	1
a17. 工作强度或压力不能大。	5	4	3	2	1
a20. 单位提供的保险齐全。	5	4	3	2	1
a23. 自己在该领域有天分。	5	4	3	2	1
a24. 与自己的性格相符。	5	4	3	2	1
a26. 符合自己的兴趣爱好。	5	4	3	2	1
a46. 领导的性格、人品符合期待。	5	4	3	2	1
a47. 环境不容易使人变得腐败或虚伪。	5	4	3	2	1
a48. 工作不常发生道德困境。	5	4	3	2	1
a56. 初始的职位较高。	5	4	3	2	1
a58. 单位企业规模大。	5	4	3	2	1
a59. 一开始的薪酬就比较高。	5	4	3	2	1
a73. 单位解决户口问题。	5	4	3	2	1
a76. 工作不要经常出差或到异地工作。	5	4	3	2	1

注：a15/a17/a76 属于"轻松稳定"，a23/a24/a26 属于"兴趣性格"，a46/a47/a48 属于"规范道德"，a56/a58/a59 属于"薪酬声望"，a4/a5/a6 属于"职业前景"，a16/a20/a73 属于"福利待遇"。

2. 科学看待职业价值观

大学生可以通过科学的方式,对自己的职业价值观进行澄清,再探索各种不同的职业所对应的价值观,找到与自身价值观相匹配的职业领域。在这个过程中,大学生需要注意两点:

第一,要看到职业价值观的独特性。大学生在职业选择时容易有从众心理,看到身边的同学选什么职业,就可能出现犹豫和摇摆不定。事实上,每个人的职业价值观是不同的,因此,职业选择也是千差万别的。

第二,小心"既要又要还要"的贪多心理作祟。由于大学生对未来的职业有过于理想化的期待,或者自我要求过高,常常出现多种价值观,甚至不同价值观之间冲突的状况。比如希望一份工作既要福利待遇好,又要轻松稳定,还要实现成就和社会地位高等。不难看出,既要福利待遇好,又想轻松稳定之间存在一定程度的冲突。这时大学生就需要对自我进行更深入的探索,找到对自己来说真正最重要的职业价值观,辅助职业决策。

课堂活动

火光里的启示
——发现我最重要的职业价值观

说明:该活动根据中山大学程乐华团队的"意象火柴"技术改编。

材料:一盒火柴,便利贴,A4白纸和笔。

操作过程:

1. 在便利贴上写上你全部的职业价值观。

2. 将写好的所有职业价值观,分别贴到火柴棒上。

3. 重要性排序:将上述写下来的所有职业价值观按照重要程度排序,最重要的放在左边,最不重要的放在右边。

4. 将所有职业价值观分类：分别按照"很重要""重要""较不重要""最不重要"四层，将价值观进行分类。

5. 燃烧火柴：从"最不重要"的价值观开始，燃烧意象火柴。在燃烧前，想象价值观随着火柴的燃烧而消失，考虑是否要替换火柴。如果想替换，可以替换。

6. 燃烧完"最不重要"的价值观火柴，继续依次燃烧"较不重要""重要"和"很重要"的火柴，同样重复步骤5中的想象，如需要，可替换火柴。全程中，体会火柴燃烧时自己的内心感受，从而发现对自己最重要的职业价值观。

大学生通过自我探索，可以找出自己真正喜爱和想要的职业方向，在自我探索的过程中，兴趣、性格、能力与价值观并不是孤立的，而是息息相关的，它们可以组成一张立体的地图，帮助个体更为客观、全面地认识自己。

比如，霍兰德的兴趣类型，就是将兴趣和性格紧密结合的；而《你的生命有什么可能》[①]的作者古典进一步将兴趣、能力与价值观三者有机结合起来，提出了职业生涯的"三叶草模型"。他认为，兴趣培养成能力，能力兑现出价值，而价值强化出兴趣，形成正向的循环。从事你喜欢的、能做好的、能获得想要的回报的职业，能更适应不断变化、充满不确定性的职业世界，更好地发展个体的职业生涯。

（五）自我探索的新视角

在自我探索过程中，除了量表，还有很多其他方式，比如绘画、

---

① 古典.你的生命有什么可能[M].长沙：湖南文艺出版社，2014.

沙盘等,可以帮助个体更好地了解自己。而另一种新视角是建构。

在后现代主义思潮下,社会建构主义认为一个人所见到的世界受到这个人是谁、这个人看重什么,以及这个人的社会位置与经历等诸多因素的影响。因此,生涯被认为是一种主观体验,个体在自我探索过程中,会重视自己的内心,重视自己的主观感受,重视自己的体验,一种新的探索手段——个人传记应运而生,它取代了心理测量的重要地位。

个体通过个人传记,叙说与职业生涯有关的故事时,会发现自己生命中的兴趣、能力、工作价值等,比如"兴趣"可以是成长过程中解决问题的方法,"价值"可以被视为意义创造的表达。

因此,个体在自我探索的过程中,需要兼顾客观性与主观性,而不应只是关注测验中得到的客观分数,不只是发现自我与职业兴趣,还要去理解未来的生涯方向为自己创造了什么样的意义与价值,这种对自我探索的追寻更是一种创造。

四、识时通变——人职匹配,动态发展

(一)识时——探索职业世界

除了缺乏自我探索,对职业信息的了解不足,也是导致大学生职业生涯困扰的主要因素之一。大学生有必要通过网络、书本等渠道,开展调研(如将已就业的师姐、师兄作为调研对象)、生涯人士访谈、对标标杆人物等活动,以及多多参与实习、兼职、创业等社会实践活动,运用多种方式,了解更多的职业信息,对职业世界进行深入探索,包括:

(1)大的社会环境与经济形势的变化,职业的整体发展趋势及其变化,一些新兴的职业类型的涌现等,如宠物摄影师、流量管

理员、汉服造型师、外卖运营师等。

（2）了解职业的环境，包括机构类型、工作的日程安排、工作的地域与地点位置、组织环境、是否有着装要求等。

（3）了解职业的要求，包括岗位和职责，以及对个体外在素质、思维方式与工作方式的要求等。

（4）了解职业的薪酬待遇、福利，以及发展空间与发展局限性等。

同时，除了了解职业世界，大学生还可以了解自己职业发展所需要的环境资源，比如学校资源、人际资源、家庭资源等，拥有更多的社会支持，能有效地减轻大学生的职业生涯困扰。

（二）审势——评估个体与职业的适配性

经历了对自我的探索，以及对职业世界的探索之后，大学生可以开始描绘自己的职业生涯蓝图，逐步确定自我特征与职业特征适配的职业目标，做好职业生涯规划。在这个过程中，最重要的是思考两个问题：

（1）你想要做什么？要回答这个问题，需要从个人层面出发，充分评估自己的兴趣、性格、能力与价值观，将自己喜欢做的事情、适合做的事情、擅长做的事情以及认为重要的事情（使命感）整合起来，描绘一个关于自我的全方位的图谱。

（2）你可以做什么？这是从职业与环境层面出发，考虑职业对个体的要求、职业环境、行业前景、就业市场、家庭与社会环境、可获得的资源支持等因素。

在此基础上，大学生可以对自己心仪的职业进行聚焦，进而明确自己的职业定位与职业目标。需要特别注意的是，寻求个体与职业的适配性，是帮助大学生聚焦可选择的职业，并不意味着"一个萝卜一个坑"。我们不能说,具备某些特征的人,匹配的就一定是某些职业类型,每个个体都是独一无二的,并非一堆特征的合集。因此,所谓"人职匹配",并不是被动的、呆板的匹配,而是主动的、灵活的匹配,了解到这一点,可以缓解大学生寻求职业定位时的不确定感与焦虑。

(三) 通变——"动"中发展职业生涯

1. 用发展和动态的眼光看待职业生涯

即使了解了自我和职业的信息,有些人在职业生涯上仍裹足不前,犹豫不决,导致这一现象的原因之一是对生涯的"非理性期待",即非理性的生涯信念,比如金树人总结了以下十条非理性的生涯信念[①]:

(1) 一个人一辈子只有一个适合他的职业。

(2) 选择一个职业或专业之后不能再做改变。

(3) 在没有分析完所有数据之前,不太适合做决定。

(4) 如果未来的事业生涯没有按照自己原来的计划去进行,那么我就不容易成功。

(5) 如果我现在不做决定,也许将来能有更好的决定。

(6) 女性工作和男性工作不同。

(7) 在家庭与事业之间,我必须选择其一作为重点。

(8) 工作是我生活的一部分,它能满足我所有的需求。

(9) 我相信有这样一份测验能告诉我将来要做什么。

(10) 如果我对所从事的工作感兴趣,那么我就能拥有成功的事业。

---

① 参见:金树人.生涯咨询与辅导[M].北京:高等教育出版社,2007:21.

可以看到,上述非理性的生涯信念中,大部分都与对生涯的"固定化"和"绝对化"的想法有关。固定化思维认为才干、决定等都是一成不变的,比如选择一个职业后就不能再改变。绝对化思维则充斥着"应该""必须""绝不"等极端化的想法,如认为机械工程师肯定不适合女性,工作必须满足自己所有的需求等。

而事实上,不论是人的能力、才干,还是职业生涯都不是静止的,而是一个动态与发展的过程。对于大学生来说,目前正处在职业探索阶段,此阶段的主要任务是加强对自我和职业的了解,基于初步的职业规划,去探索适合自己的心仪的职业方向。在这一过程中,大学生要保持开放的心态,建立成长型思维模式,将错误当成学习的机会,认真学习专业课程,积极参与社会实践活动,多方面地涉猎与尝试,找到自己想要的职业定位。

基于发展的观点,"人职匹配"并不是一成不变的,它是可变化的,当下存在一些不适配的因素,并不说明未来也是不适配的,适配的主导权是在自己手里的,个体可以自行描绘自己的人生蓝图。这也提醒我们,每隔3~5年可以对自我与职业进行重新评估。

2. 及时行动中发现—修正—明确职业目标

大学生在职业发展初期,容易陷入迷茫状态,患得患失,比如担心自己此时的生涯决策不是最优的,害怕自己的能力不足,无法胜任工作,父母或同学的建议与自己对职业的想法存在冲突,不知道如何决定,感兴趣的领域很多,或者同时具备多种才干,选择左右为难等。未来具有极强的不确定性,尤其是在变化日新月异的现代社会,大学生出现这些困惑或担忧是很常见的。

克朗伯兹指出人们要善用机缘论,他认为,一个人幸运的职业发展不是偶然,而是规划出来的,要用行动来规划幸运,规划偶然事件。他高度强调人要行动,唯有行动才能创造机会,唯有行动才有把握机会的可能。他强调行动的学习,不是找到了恰当的位置就画上了句点,求职就业的过程就是行动的学习过程。

因此,当大学生感到迷茫,不知道可以做什么的时候,除了前面提及的成长型思维,还有一点很重要,那就是及时行动,比如拿起一本书来阅读,去找一位高手观察学习,去训练一项你想提升的技能,去尝试一个你感兴趣的领域等。

职业,根据韦氏字典的诠释,指的是"一种表现某种功能或进入某种生涯的呼唤、召唤或驱使",这蕴含了职业中个人意义、责任与生命的召唤,因此"人职匹配"更是一种"立命"的适配,一个人能够在适当的生涯舞台,充分地实现自我,创造人生的价值与意义。我们对自我与职业进行探索的目的,绝不只是为了得到一个是否适配的结果,更重要的是,明确方向与使命,并采取行动。大学阶段职业生涯的关键就在于勇敢地去实践,不害怕犯错,脚踏实地地去磨砺,积累社会经验,有针对性地提升自己的能力,也就是民间常说的"干了再说",在行动与试错中不断去寻找、修正与明确职业目标与职业使命。

推 荐 书 目

1. 国家职业分类大典修订工作委员会.中华人民共和国职业分类大典（2015年版）[M].北京：中国劳动社会保障出版社,2015.
2. 巴伦德斯.极简个性心理学：破解人格基因[M].黄珏苹,译.北京：中国人民大学出版社,2017.
3. 宗敏,夏翠翠.大学生职业生涯规划[M].北京：人民邮电出版社,2018.
4. 古典.你的生命有什么可能[M].长沙：湖南文艺出版社,2014.
5. 鲍利斯.北京：你的降落伞是什么颜色？[M].李春雨,等译.北京：中国华侨出版社,2014.

第十章 健康恋爱，玫瑰花开
——大学生爱情心理与心理健康

一、浓情蜜意——爱情心理概述

根据心理学家埃里克森的人生发展阶段理论，大学生正处在亲密对孤独的冲突阶段，他们渴望与人发生爱的关系，从而获得亲密感，否则将产生孤独感。我们看到，许多高校开设的爱情心理学课程，都受到了大学生们的追捧，他们渴望了解什么是爱情。如何健康地恋爱，"不懂爱、不会爱、期待爱"是很多大学生所处的现状。《2016年中国大学生恋爱白皮书》调查结果显示，在校大学生有过谈恋爱经历的比例高达80%。[①]

（一）什么是爱情

"愿我如星君如月，夜夜流光相皎洁"，美好的爱情，人人向往。什么是爱情？爱情是受社会因素影响的，生理、心理以及主观情感结合的复杂现象。在心理学上，对爱情并没有统一的定义，不同的研究者从不同角度提出了不同的见解。

---

① 该报告由"我想认识你"平台联合中国高校青年领袖峰会、北大燕园博思心理咨询中心共同发布。

1. 爱情态度理论

鲁宾(Zick Rubin)将爱情定义为一种态度,它促使一个人倾向于以特殊的方式理解他人、感受他人,并对其做出相应的行为。他认为爱情包含三种特征:亲密与依赖的需求、欲帮助对方的倾向、具有排他性和独占性。

2. 爱情风格理论

约翰·李(John Lee)总结了六种不同的爱情风格,包括:利他型(利他、无私的爱)、游戏型(玩游戏的爱)、占有型(强迫依赖的爱)、友谊型(以友谊为基础的爱)、实用型(实用的爱)和激情型(浪漫的激情之爱)。

3. 爱情三角理论

斯滕伯格(Robert Sternberg)把爱情概念化为一个以激情、亲密和承诺为顶点的三角形,亲密是指在爱情关系中亲近、联结、结合等体验的感觉,包括互相理解、互相支持,彼此交流一些不会跟别人讨论的问题;激情是一种驱力,可能引发浪漫之爱、身体的吸引、对性的渴望等,可能与一系列强烈的情感有关,如焦虑、愤怒、愉悦和嫉妒等;承诺指维系爱情的承诺。

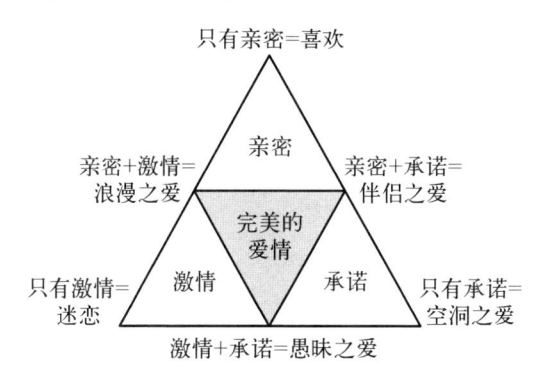

图10-1 斯滕伯格的爱情三角理论

爱情的三个因素相互独立，又相互影响，比如更高程度亲密会导致更高程度的激情或承诺。基于爱情的三因素，可以构成7种不同的爱情类型，但是需要注意的是，绝大部分关系并不完全符合其中的某一种类型。

(二) 恋爱对大学生的心理意义

心理学家弗洛姆说，我爱，因为我被人爱，我被人爱，因为我爱人。苏霍姆林斯基也认为，我们应当使人最美好、最崇高的情感——爱情成为道德进步的工具。爱情是人类情感中最美妙的一种体验，对于大学生来说，恋爱具有积极的心理意义。

(1) 爱是与生俱来的渴望，恋爱是逐步培养发展爱情的过程。爱情能赋予个体精神能量，比如研究发现，爱情能使个体以不同的方式创造性思考，浪漫的爱情使人展望遥远将来。

(2) 恋爱是学习和另一个人建立亲密关系的过程，爱别人和被别人爱，使得个体成为精神上完整的人，通过提高爱的能力、改善亲密关系，可以增进个体的幸福感。

(3) 恋爱是自我认识和成长的过程。如莫里哀所言，爱情是一位伟大的导师，她教我们重新做人。个体在恋爱关系中学会承担责任，在爱中更深刻地认识自己，改变人的趣味，升华人的人格，开发人的潜能，促进人的新生，成为更好的自己。

(三) 爱情"灵药"

1. 苯基乙胺

苯基乙胺(PEA)是一种神经兴奋剂，它是爱情的启动激素，它能让人感到一种极度兴奋的感觉，呼吸和心跳加速、手心出汗、面色发红，使人感到更有精力、信心和勇气，同时会让人产生偏见与执着,丧失客观思维的能力,正所谓"情人眼里出西施"。

当情绪紧张时,会加速 PEA 的分泌,爱情心理学中的"吊桥效应"就与之相关。"吊桥效应"指的是当一个人提心吊胆过吊桥的时候,会不由自主地心跳加快,如果这时候恰巧遇到另一个人,个体可能错把这种情境引起的心跳加速理解为爱情的怦然心动,从而感到自己爱上了对方。坐过山车时,看恐怖电影时,也会有类似的效应产生。这提示我们,有时候正是错误的归因变成了爱情的催化剂。

2. 多巴胺

多巴胺(dopamine)在热恋中发挥了助推剂的作用,它是一种中枢神经递质,可增加心肌收缩力,增加心脏输出量,升高动脉血压,产生一种很欢欣的感觉;刺激后叶催产素分泌,消除紧张和抑郁,产生安全感和满足感。浪漫之爱的特征,如集中注意力、有强烈的动机赢得所爱之人、目标导向的求爱行为等,与多巴胺的活性增强有关,同时心醉神迷、精神旺盛、夜不能寐、情绪波动、情感性依赖和渴望,也与多巴胺的特殊活动有关。

但是,多巴胺的峰值浓度只能持续 6 个月到 4 年左右,平均不到 30 个月,从这点来说,单靠生理激素来为爱情保鲜是困难的,所以有人会觉得时间久了,感情就淡了,然后就分手了。他们忽略了一点,最初陷入爱河时的光环褪去后,更需要彼此用心经营去维系爱情的长久。

3. 内啡肽

内啡肽(endorphin)是一种内成性的类吗啡激素,具有天然的镇静作用,可以降低焦虑感,可以让人体产生一种安逸的、温暖的、亲密的、平静的感觉,这和 PEA 带给人的激动与兴奋存在很大的不同,但是这种温馨的感觉同样能使人上瘾。科学家发现,运动后大脑会释放内啡肽,使人感到快乐和充满活动。内啡肽是在

PEA、多巴胺等爱情激素水平下降后开始起主导作用的,激情消退前,分泌足够的内啡肽,能让爱情保持历久常新。因此,内啡肽也被叫做婚姻激素。

(四) 爱情是如何发生的

个体为什么会爱上一个人?为什么爱上的是这个人而不是那个人?爱情是如何发生的?除了前面讲的爱情"灵药",还有哪些因素对个体的爱情心理有着重要的影响?

1. 外表吸引力

进化心理学大量研究发现,男性更喜欢丰满的嘴唇、清澈的眼睛、亮泽的长发、女性化的嗓音、光洁的皮肤、低腰臀比、灵巧的身体和轻盈的步伐;女性更喜欢面孔特征对称、身材高大、强壮、头发浓密、宽肩窄腰、略带女性化的脸。体貌传递着有关一个人的健康状况和生育能力的重要信息,是两性择偶的重要标准之一。

2. 时空接近

心理学家发现,只要频繁地接触,好感就可能在无形中建立。人们喜欢熟悉的东西,要爱上某个人,先要见到他/她,距离上(包括物理距离和心理距离)的接近能促进爱情的发生。相反的,分居两地、网络恋爱的成功率都很低。

3. 第一印象

不管我们是否意识到,与他人第一次见面时就在对其进行判断,而我们同时受到刻板印象的影响,使得初次印象的效应更加强烈。你心仪的那个对象,你们第一次见面他或她的衣着打扮,你是否仍记忆犹新?

4. 相似相吸与相异相吸

有着相似背景、个性、外表、爱好和态度等的个体,更有可能彼此吸引。需要注意的是,在网络时代,通过对个体的社交媒体、网页浏览痕迹等进行分析,可以比较精准地描绘出个体画像,因此大学生在网上交友时,要警惕别有用心的人运用相似、相吸原理来让你掉入"爱"的陷阱。

除了相似性,个体还可能被与自己具有相反特征的人所吸引,但是这种相异性往往是因为对方身上具有你所渴望而自己却没有的特征,比如喜欢却不太懂艺术的人爱上艺术家;或者是个体用一种资源换取另一种资源,比如年轻的女性喜欢上富有的年长者。基于进化心理学的观点,从生存和繁衍策略来看,男性注重女性外表,而女性更关心伴侣的财务状况。

个体寻找的人,往往从一个层面看是和自己相似的,而从另一个层面看与自己又是有不同的。

5. 受苦与排除万难

心理学家发现,大脑很不喜欢未完成状态,未完待续更吸引人,被中断的事件在个体心中留下的记忆更清晰、更有力。放在恋爱情境下,表现为个体愿意迎难而上,喜欢追求哪些不容易得到的人。研究发现,当爱情关系受到外在力量的干扰或破坏时,如遭到家庭阻挠,两个人爱得更深,恋爱关系更加牢固,这种现象被称为"罗密欧与朱丽叶效应"。

6. 亲密

成为朋友后可以逐步激发爱恋的情感,爱情风格理论中的友谊型,指的就是这种从长久的友谊发展而来的爱情。李玫瑾曾说,大学生恋爱可以先爱后恋,首先像朋友一样发展"爱",再到排他的"恋"。

7. 强迫性的重复

婚恋专家黄维仁指出,个体常常不由自主地与某些特定的人发生爱或恨的关系,很可能是因为这些人身上具有自己成长中重要人物(如父母)的心理特征。潜意识中借着与他们或快乐或痛苦的深度情绪互动过程,弥补过去的遗憾,满足小时候对自己特别重要却未能在父母身上得到的一些心理需求,比如可能找了一个特别像妈妈的女朋友,或者是特别像爸爸的男朋友。

关于吸引,在爱情心理学中还有一种很常见的现象,被称为"致命吸引力",即你爱上对方的某个特征,最终却可能成为让你受不了、讨厌并决心分手的原因,所以,在热恋时要保持一定的理性。

课堂活动

自测:你对他(她)是爱还是喜欢?

(一)爱情量表[①]

1. 他(她)情绪低落时,我首要的职责是让他(她)快乐起来。
2. 在所有的事情上我都可以信赖他(她)。
3. 我觉得不计较他(她)的过失是一件容易的事。
4. 我几乎愿意为他(她)做任何事。
5. 我对他(她)有独占欲。
6. 不能永远跟他(她)在一起,我会觉得非常痛苦。
7. 寂寞时我首先想到的就是去找他(她)。
8. 他(她)的幸福是我最关心的事。
9. 我愿意原谅他(她)的任何过错。
10. 我觉得他(她)的幸福安康是我的责任。
11. 同他(她)在一起的大部分时光,我就这样看着他(她)。
12. 我非常享受他(她)对我的信赖。
13. 没有他(她)的日子,对我来说很难过。

---

① 参见:李建伟,等.大学生爱情心理学:理论、案例、测量[M].杭州:浙江工商大学出版社,2016.

(二) 喜欢量表

1. 我们在一起时的心情总是一样的。
2. 我认为他(她)环境适应能力很强。
3. 我强烈推荐他(她)做一项责任重大的工作。
4. 依我来看,他(她)特别成熟。
5. 我相信他(她)有良好的判断力。
6. 即使和他(她)短暂相处,人们大多也会有很好的印象。
7. 我觉得他(她)跟我很相似。
8. 我愿意在班级或群体选举中投他(她)一票。
9. 我觉得他(她)是一个能很快博得尊重的人。
10. 我觉得他(她)绝顶聪明。
11. 在我认识的人当中,他(她)是非常可爱的。
12. 他(她)是我很想学习的那种人。
13. 我觉得他(她)非常容易赢得人们的钦佩。

说明:符合的记1分,不符合的记0分,比较两个量表的得分值,就能衡量出你对某个人的感情是喜欢还是爱,以及喜欢和爱的深浅程度。

二、肝肠寸断——失恋

失恋是指在交往中,一旦双方或某一方由于这样或那样的原因,不愿再保持彼此的恋爱关系,就意味着恋爱的中断,恋爱的一方失去另一方的爱情,就是通常所说的失恋。据一项调查结果显示,71.28%的大学生经历过失恋的痛苦,43.6%的大学生感到非常或比较痛苦。

一项关于上海高校学生自杀问题的调查显示,在自杀原因中,恋爱情感占22.0%。可见,失恋是大学生当中非常常见的现象,对大学生的心理健康产生了重要的影响。

(一) 大学生失恋的主要原因

一项调查结果显示,大学生失恋的主要原因是个性不合、时间长了感情变淡了、长期相隔两地、毕业后的去向问题、家庭反对、经济问题等。[①] 除此之外,也与大学生的爱情心理尚不成熟有关。

1. 错误的恋爱动机

调查发现,在恋爱的大学生中,约八成的人恋爱动机不够端正,如因生活空虚而去追求爱情,为了面子去追求爱情,担心再不追就追不着了,为了"宁愿坐在宝马车里哭,不要坐在自行车上笑"的功利目的等。

2. 注重恋爱的过程,逃避恋爱的责任

心理学家弗洛姆说:"爱就是对我们所爱对象的生命和成长主动地关心。哪里缺少主动的关心,哪里就没有爱。"如果个体对恋人有过多的期待,将对方视为自己所有需求的供给者,认为对方应该无条件满足自己的要求,或者认为对方应该按照自己所期待的方式回报自己,而忽略了承担起爱的责任,这样的爱情是很难长久的。

3. 缺乏爱的能力

爱的能力包括表达爱的能力、接受爱的能力、拒绝爱的能力、保持爱的能力等,这些能力的掌握与个体的原生家庭有较密切的关系。

---

① 江燕.大学生失恋问题的现状调查与分析[J].中国电力教育,2012(5):104-105.

个体在幼时形成的亲子依恋关系,往往会延续到成年后的恋爱关系中,逃避型依恋的个体认为只有我是好的,过度需要掌控,不易相信他人,不让人亲近;焦虑型依恋的个体则相反,认为只有我是不好的,害怕被抛弃,敏感、易受伤,对亲密对象爱恨交加,情感过于依赖,不给人空间;紊乱型依恋的个体认为我和别人都不好,既对爱饥渴,却又充满恐惧,无法信任人,用不好的方式来吸引注意力。

(二)失恋的两个阶段及其心理机制

刘易斯等研究者把失恋大致分为两个阶段:抗议阶段和放弃/绝望阶段。[①]

1. 第一阶段:抗议

刚失恋时,被抛弃的人往往会有一些强迫性的思维涌现,不断回味这段爱情,什么原因让他或她抛弃了自己?自己做错了什么吗?如何才能留住对方的心,让对方回心转意?在抗议阶段,被抛弃的人表现出旺盛的精力,注意力高度紧张,有着挽回心爱之人的强烈动机,所以他们可能做出各种非理性的行为试图挽回恋情,如不停地给曾经的恋人打电话、发信息,在路上拦截,或者做一些自虐行为,想让对方知道等。失恋者在抗议阶段的反应与多巴胺和去甲肾上腺素的活性增强有关。

在这一阶段,失恋者可能体验到两种互相关联的心理现象,第一种是"挫折吸引"——当爱情受到阻碍时,被抛弃的一方会更加充满激情地爱着拒绝他们的人;第二种体验是"被遗弃的愤怒",失恋者表现出强烈的愤怒,这是对没有实现的期望所做出

[①] LEWIS T,AMINI F,LANNON R.A General Theory of Love[M].New York: Random House,2000.

的反应,因为多巴胺奖赏系统的回路与愤怒回路紧密相连,这通常也被称作"挫折攻击"。[1][2] 对被拒绝的失恋者的研究资料表明,与这种愤怒反应有关的神经区域是眶额皮层外侧,它和控制愤怒有关。

失恋者对拒绝他们的伴侣一方面感到非常愤怒,但同时又感到深爱着他或她。爱和憎恨有一些相似的行为,比如集中注意力、强迫性思维、旺盛的精力和强烈的情绪、动机、渴望。正如人们常说的,如果你恨一个人,说明你还爱着对方,爱情的对立面不是憎恨,而是漠不关心。

被遗弃的愤怒伴随着一些适应不良的特征,比如心脏压力增加、血压升高、免疫系统受到抑制等,这可能让失恋者能迅速结束这一陷入绝境的关系,很快重新开始恋爱,重新获得生殖优势。[3]

2. 第二阶段:放弃/绝望阶段

研究表明,放弃/绝望阶段与多巴胺回路活性降低有关。在这一阶段,失恋者往往会产生沮丧、失望和抑郁等情绪。美国一项针对失恋者的研究发现,约有 40% 的人出现了临床抑郁症状,其中 12% 的人患有中度或重度抑郁。绝望的情绪对失恋者也有一定的积极意义,它会让亲朋给予失恋者更多关爱与支持,也能激发失恋者的洞察力,促进他们做出艰难的决定。

但是,正所谓爱得有多深,伤得就有多深,每个人对失恋做出反应的程度是有差异的。有些人在挽回恋人无望的情况下,可能会产生心碎的感觉,表现出剧烈胸痛或呼吸困难等不适反应,被称

---

[1][3] FISHER H E. Why We Love: The nature and chemistry of romantic love [M]. New York: Holt, 2004.

[2] MELOY J R. The psychology of stalking: Clinical and forensic perspectives [M]. San Diego & London: Academic Press, 1998.

为"破碎之心综合征"。这是因为人在遇到重大的情感打击时，人体的交感神经会分泌出大量的儿茶酚胺、心肌肾上腺素等激素，在这些激素过量分泌的刺激下，导致心脏心室收缩无力，心脏的跳动能力减弱，造成类似心脏病发的症状。更严重的是，还有一些人因失恋导致自杀，或者出现袭击甚至杀害曾经的恋人的极端行为。研究发现，男性出现自杀或伤人的比例高于女性。

失恋如此伤人，而很多大学生都经历过一次或多次失恋，而且在互联网时代下，失恋还呈现了一些新的特征，比如分手后在社交网络上还能看到对方的信息，失恋者更容易反复受到刺激，甚至在网络上出现了失恋的直播表演。一项研究发现，在社交平台上监控前任使人更难从失恋中走出来，失恋者表现出更强的抑郁，会更想念他们的前任。

因此，以积极的态度，正确地面对失恋，是大学生健康恋爱中非常重要的部分。

(三) 失恋的调适——积极失恋

对于失恋放不下、走不过去的被动心态，可能让失恋者被生活的漩涡困住。而积极失恋，是对失恋进行积极的赋义：失恋不是失败，失恋是成长的契机，是新生活的开端。研究发现，失恋者积极的态度会使"自我"得到更新和升华，全身心地投入工作中去。

1. 倾诉与宣泄

生物化学家威廉·弗利(William Frey)通过研究发现，人在动情而哭时，会分泌出更多的激素和神经递质，这些物质有助于去除体内因负面情绪而分泌的化学成分。失恋后，不妨找人倾诉，大哭一场，而不是强行压抑在心里，或试图逼迫自己遗忘。从这点来说,个体身边的支持系统很重要。对于大学生来说,家人、同学、老师都是值得信任的对象,同时可以结交一个忘年交,能帮助个体从不同的视角看待问题。

2. 转移焦点,激活行动

当缩在一个静静的角落时,曾经的那段爱情就是失恋者的全世界,沉沦在对过往的回味中,会进一步诱发更多的消极情绪与非理性的认知,甚至导致抑郁。

多项研究表明,行为激活是治疗中、重度抑郁症的有效方法,因此将注意力从失恋这个唯一的焦点转移出来,激活失恋者的行动,积极地投入其他的事情中,将有助于缓解失恋者的抑郁情绪,比如做家务、跑步、爬山、学习一样新技能……梁文道曾经在节目中分享,他正是在失恋后学习了音乐和写作,这更是自我升华的行动了。找到甜美的爱情是人生的理想,但人生的理想不只有爱情。

3. 调整认知,重新赋义

一段亲密关系之旅,也是一趟自我发现的旅程,个体可以从中照见自己,看到"我是谁",看到自己的优势与不足,看到自己真正的渴望,看到自己需要提升的地方,从而踏上自我成长的新历程,更懂爱,更会爱。同时,可以将失恋看作成长的机会,个体的能力在应对失恋的过程中,也正悄然生长,如解决问题的能力、抗挫折的能力、情绪管理的能力、爱的能力等。莫言说,不管是男人还是女人,都是在爱情中学习爱,在失败中总结经验,以更好的姿态重新爱。

4. 放下与感谢

类似爱、感激和满足这样的情感,会刺激脑下垂体后叶激素的分泌,使神经系统放松,减轻压抑感,人体内各组织的含氧量也会显著增加,而且人在心怀感激时,脑部和心脏也有同步电流活动产生,从而使相关器官的运转更加有效。抱有积极失恋的心态,对这段结束的感情心存感激,将每一次的经历看成生命的馈赠,它将使我们变得更智慧、更强大、更好。就像苏格拉底说的,去感谢那个抛弃你的人,为他祝福,因为他给了你忠诚,给了你寻找幸福的新的机会。只有与前一段关系中的对象以及自己和解,才能真正地放下,坦然地面对爱情的失败,步入新的生活。

5. 寻求专业的帮助

现在很多高校都设有心理咨询中心,社会上还有一些公益的心理咨询热线,如果深陷在失恋的痛苦中无法自拔,可以及时地、积极地寻求专业人士的帮助,这也是积极失恋的一种表现。

需要注意的是,即使做到了积极失恋,也并不意味着立马就能从失恋中恢复,伤口仍然需要时间来抚平。一项针对大学生失恋的调查结果显示,在 3 个月的时间内,约 60% 的人能从失恋中恢复,同时 23.4% 的大学生需要一年以上才能恢复。

作家周国平说,未经失恋的人,不懂爱情。失恋是痛的,但是当个体以积极的心态看待失恋,它便成了人生的财富,带着对爱的新的认识,继续去爱吧,就像不曾受过伤一样,勇敢地去追求属于自己的美好爱情。

三、花成蜜就——让恋爱更幸福的秘诀

(一) 发展健全的自我

1. 爱人先爱己

在热恋时,个体会将对方看作是特殊的,甚至是唯一的,会高度关注所喜爱的这个人,夸大爱人的优点,而忽略或缩小其缺点,

容易出现将恋人过度理想化甚至是盲目崇拜,而将自我看得渺小而卑微。一旦感到"你高我矮",在恋爱关系中很容易迷失自我,可能对恋人表现为过度依赖,失去自我。此外,还有很多人是在爱情中寻求爱,以弥补童年中不被爱的遗憾。

他们都忘了可以自己好好地爱自己。事实上,在不懂得爱自己之前,个体可能无法遇到真正的爱情,也没法真正地去爱他人。弗洛姆说:"自爱不是自私,自爱是爱他人的基础。如果一个人可以创造性地爱,那他必然也爱自己,但如果他只爱别人,那他就是没有能力爱。"心理学家埃瓦尔德·海林(Ewald Hering)也曾说,我们的感情和态度面对的对象不仅只有其他人,也包括我们自己。一个爱自己的人,呈现的状态是独立、自信、优雅的,他们有自己的目标与追求,懂得如何和自己相处,就能更好地知道如何和他人相处,爱自己与爱别人是密不可分的。

2. 保持自我成长

对于大学生来说,培养自己独立的人格,树立富有责任感和道德感的爱情观,提高恋爱心理的成熟度,才能收获真正的、成熟的爱情。而对于已经处在恋爱关系中的大学生,可以借由"恋爱"这面镜子,反观自己需要成长的地方。我们每个人都不可避免地会受到原生家庭的影响,前面也提到过,个体在亲密关系中可能会重复父母的婚姻模式,或者重复幼时建立的不安全的依恋关系,因此个体在恋爱中要保持对自我的觉察,避免一些"坏模式"的重复,学习有艺术地去爱,正如弗洛姆说的:"爱是一种艺术吗?回答是肯定的。因此,它需要知识和努力。"

判断爱情是否幸福的重要标准之一,就是个体能否在关系中成为更好的自己。同理,如果想拥有理想的婚恋关系,就要让自己强大起来,成熟起来。

(二)了解差异,冲突中寻求双赢

1. 投其所好——看见彼此的差异

恋爱双方之间存在差异是导致亲密关系冲突的重要原因之一:

(1) 性别不同带来的差异。比如洪兰教授指出,女性一天要讲大约 2 万字,而男性大约 7 000 字。男性血清素分泌快,因而情绪恢复比女性快。社会心理学家发现,男性对爱情更多持有激情的概念,而女性则持有伴侣的概念。

(2) 原生家庭和个人成长路径不同带来的差异。比如不同地域特征、不同的生活习惯、不同的价值观等,价值观若存在冲突,其矛盾往往是深层次的,比较难调和,也是很难改变的,大学生在择偶时需要认真地考虑这一因素。

(3) 对爱情的理解不同,爱的语言也不同。斯滕伯格指出,如果每位伴侣都能理解对方关于爱情的解释以及这些解释是如何联系的,就可以避免亲密关系中的一些苦恼。每个人都有自己的爱情剖面图,对爱有着不同的渴望,有着不同的爱的语言,盖瑞·查普曼(Gary Chapman)提出了爱的五种语言:

- 珍贵的相处:花高品质的时间在一起,比如在纪念日、生日等特殊的日子,制造生活的仪式感。
- 精心的礼物:时不时精心准备一份代表爱的礼物。
- 服务的行动:在对方需要帮忙时,主动地提供帮助,比如泡一杯茶、递上拖鞋等,于细节用行动表达关心与爱。
- 身体的接触:目光的接触、牵手、拥抱、亲吻等。
- 肯定的语言:表达赞美的言辞、感激的言辞或者是鼓励的言辞。

因此，个体要积极地进行自我探索，同时主动地看见恋人与自己的差异，才能投其所好地给予，而非以己度人。

课堂活动

自测：你的爱情风格是什么？①

爱情态度量表（LAS）：这个量表主要是想了解你对爱情所持的态度。题目中的"他/她"是指目前正在交往的男/女朋友（若已分手，请就上任对象作答；若没有谈过恋爱，请想象一下再作答）。请你针对每一题项所叙述的情形，选出最符合你的实际情况的数字，1代表完全不符合，2代表不符合，3代表中立，4代表符合，5代表完全符合。

1. 我和他/她属于一见钟情型。
2. 我很难明确地说，我和他/她是何时从友情变成爱情的。
3. 在对他/她做出承诺之前，我会考虑他/她将来可能变成的样子。
4. 我总是试着帮他/她渡过难关。
5. 和他/她的关系不太对劲时，我的身体就会不舒服。
6. 我试着不给他/她明确的承诺。
7. 在选择他/她之前，我会先试着仔细规划我的人生。
8. 我宁愿自己痛苦，也不愿意让他/她受苦。
9. 失恋时，我会十分沮丧，甚至会有自杀的念头。
10. 我知道他/她不知道我的一些事，也不会受到伤害。
11. 我和他/她很来电。
12. 我需要先经过一阵子的关系和照顾，才有可能产生爱情。
13. 我和他/她最好有相似的背景。
14. 有时候，我得防范他/她发现我还有其他情人。

---

① 资料来源：https://www.docin.com/p-1993864357.html。

15. 我和他/她的亲密行为很热情且令我满意。

16. 我有时会因为想到自己正在谈恋爱而兴奋得睡不着觉。

17. 我可以很容易、很快地忘掉过往的恋情。

18. 他/她如何看待我的家人是我选择他/她的主要考量。

19. 我希望和曾经相爱的他/她是永远的朋友。

20. 当他/她不注意我时,我会全身不舒服。

21. 我和他/她的爱情关系是最理想的,因为是由长久的友谊发展而成的。

22. 我觉得我和他/她是天生一对。

23. 自从和他/她谈恋爱后,我很难专心在其他任何事情上。

24. 他/她将来会不会是一个好父亲/母亲是我选择他/她的一个重要因素。

25. 除非我先让他/她快乐,否则我不会感到快乐。

26. 如果他/她知道我和其他人做了某些事,他/她会不高兴。

27. 我和他/她的感情、亲密行为进展得很快。

28. 我和他/她的友情随着时间逐渐转变为爱情。

29. 当他/她太依赖我时,我会想和他/她疏远一些。

30. 我通常愿意牺牲自己的愿望,达成他/她的愿望。

31. 我和他/她的爱情是一种深刻的友情,而不是一种很神秘的情感。

32. 他/她可以任意使用我的东西。

33. 我和他/她非常了解彼此。

34. 当我怀疑他/她和其他人在一起时,我就无法放松。

35. 他/她如何看待我的职业会是我选择他/她的一个考虑。

36. 他/她的外貌符合我的理想标准。

37. 我享受和他/她及一些不同的情人玩爱情游戏。

38. 当他/她对我发脾气时,我仍然全心全意、无条件地爱他/她。

39. 在和他/她深入交往之前,我会试着去了解他/她是否有良好的遗传基因。

40. 为了他/她,我愿意忍受任何事情。

41. 如果他/她忽略我一阵子,我会做出一些傻事来吸引他/她的注意力。

42. 我和他/她的爱情关系是最令人满意的,因为是由良好友情发展成的。

爱情类型	题目序号	说明
浪漫型	1、11、15、22、27、33、36	最看重对方的外表和身体的接触,容易因外貌好看而跟对方坠入情网
友谊型	2、12、19、21、28、31、42	感情发展细水长流,平静而祥和,通常刚开始时是好朋友,后来从相知友谊发展成爱情
实用型	3、7、13、18、24、35、39	选择对象以理性条件为主要考虑因素,诸如教育背景、经历、能力、共同兴趣等
游戏型	6、10、14、17、26、29、37	视爱情为游戏,爱情的关系短暂,经常更换对象,几乎没有承诺
占有型	5、9、16、20、23、34、41	占有欲和嫉妒心强烈,关系有如风暴,起伏不定,对方一点爱意可能使之狂喜,一点降温或关系出现点小问题就痛苦不已
奉献型	4、8、25、30、32、38、40	为爱人完全的付出,关心对方而不求回报,极有耐心

了解自己和恋人的爱情风格，两人的沟通会更顺畅，尤其是当两人的恋爱风格存在差异时，能对对方有更多的理解与包容。比如恋人是实用型的恋爱风格，当对方没有送你鲜花时，你就不会感到失望或沮丧了，因为他/她表达爱意的方式是为你做一件实事。

2. 寻求双赢——有效应对冲突

在一段恋爱关系中，有时候很容易出现争吵，可能只是一件很小的事，甚至只是一句话，就可能引发争吵和冲突，一旦出现冲突，常常出现争夺主导权、控制权和心理优势的"战争"，如"这件事我说了算""不听我的，就代表你不尊重我"。这种控制权之争往往非常隐秘，不易察觉，不被承认，事实上，亲密关系中的权利不对等，是矛盾的核心，要保持觉察，意识到爱不是权力之争的场地，爱也不是控制。在爱情中，双方之间的互动应该是轻松自由的，充满享受的，而不是紧紧控制的，要知道，爱情像沙子，越是抓紧，越是留不住。

因此，在冲突发生时，双方要积极沟通，寻求双赢，而不是追求"我赢你输"或"我输你赢"。那如何做到双赢？

当双方的需求发生明确冲突时，比如 A 想去日本旅行，B 想去云南旅行，可以采用黄维仁博士提出的有效处理冲突，寻求双赢的三步骤。

步骤1：觉察表面立场。觉察两个人各自偏好的满足需求的方案是什么，要了解自己坚持的解决方案仅为众多方法之一。

步骤2：探索深层需求。运用倾听的技巧，轮流探索，了解对方表面立场底下必须被满足的需求，倾听者用自己的话复述恳谈者的语意，直到恳谈者觉得自己被了解，如"你的意思是不是……你需要的是……我这样听对了百分之几？"

步骤3：合力寻求双赢。把双方的深层需求放在一起，合力寻求双赢的解决办法。

当由于其他原因发生争吵和冲突时，比如恋人迟到了，或者说了一句自己认为不好听的话，没有及时回复信息等，采用以下5个步骤，可以帮助双方达成双赢。

步骤1：陈述事实。"我看到/听到……"，而非指责对方，"你……"。具体、理性地描述自己经历的事实，很可能最后会发现，眼见并非为实，耳听也可能为虚，你观察到的事实并不等于另一半的事实。要知道，误解和猜测正是导致爱情关系中矛盾的主要原因。

步骤2：描述感受。明确地表达对方的行为带给自己的感受和影响，比如"我听到你随口说了一句，结婚这件事就是水到渠成，我感到很难过，我想你可能是不打算和我结婚了"。

步骤3：探索情绪开关。每个人身上都或多或少存在一些情绪开关，这些是个体的情绪卡点，一旦被触碰到，就容易被激怒。和恋人一起探索，这些感受常常在什么时候出现，当时发生了什么，一起识别这些持久存在的脆弱点，可以找到自我成长的方向，逐步化解这些开关，在没化解之前，可以作为小秘密，和对方约定有意避开。

步骤4：承担责任。反思自己再遇到这样的情况，如何处理就不会发生争吵或冲突了，勇敢地承担起这份责任，对自己带给对方的困扰表达真诚的歉意。

步骤5：建设性计划。双方就如何避免类似情况发生，合理地制订出有建设性且可行的计划。

处理得当，争吵与冲突并不可怕，还可能深化感情，但是如果冲突后没有妥善地解决问题，就可能导致感情的破裂。

> **课堂活动**

小组活动：探索情绪开关

1. 回想一下，最近一次你对亲密的人（恋人、家人或朋友）发火是什么时候？当时发生了什么？以前有没有为类似的事情发过火？是什么时候，什么情况下发火的？

_____

_____

_____

2. 思考一下，遇到这类事情，你容易发火的原因是什么？体会一下，发火的背后，你内心的渴望是什么？如果下次遇到类似的事情，你可以做出一点什么与以前不同的反应？比如启动"暂停键"。

_____

_____

_____

3. 填写完后，三个人一组，进行分享，一个为倾听者，一个为恳谈者，一个是观察员，然后角色互换。

(三) 增进亲密关系的策略

许多研究显示，情感上的亲密是美好爱情的基石，亲密关系是为爱情生活带来满足感最重要的来源。

(1) 共享社交圈：和共同的朋友一起共度时光，表明自己愿意和他/她的朋友与家庭一起做事，关注共同的朋友和亲密关系。

(2) 保持沟通的开放性：鼓励他/她向自己表露思想和情感，

寻找机会讨论两人关系的质量,提醒对方过去两人所做的关于关系的决定。

(3) 做出保证:强调自己对他/她的承诺,表明两人的关系有美好的未来,把自己的真诚展现给他/她。

(4) 做出语言和行动的表达:斯滕伯格发现,通过扮演和表达爱意,最初的浪漫和激情能够发展成为持久的爱情。爱情的保鲜要靠表白,爱他/她就要说出来,做出友善愉快的行动,尝试使两人的交往成为享受。

(5) 分担任务:对于需要完成的任务,平等地提供帮助;承担责任,尤其是家务,而不是只索取不付出。

(6) 运用媒介沟通:通过电话、社交媒体等方式,加强互动,保持对恋人的关注,维持黏度;还可以通过写信、电子邮件等相对"传统"的方式来传递爱意。

(7) 表达感恩:支持恋人,表达对恋人的感激。有研究显示,向伴侣表达感激之情不仅可以让另一半感觉更好,也会让自己感觉更好。

(8) 为对方的爱情银行账户智慧地存款。心理学家威拉德·哈利(Willard Harley)认为每个人心里都有个"情感账户",叫做"爱情银行",它像普通的银行账户一样,有"存款",也有"取款"。让对方感到开心、觉得被欣赏、被肯定或感受到爱,称之为"存款",反之,让对方痛苦,觉得被批评、被误解或被伤害,就叫做"取款"。智慧地为对方的爱情账户存款,当存款丰厚时,爱能使得大事化小,小事化无。

课堂活动

小组活动:爱的存款

活动准备:6~8人一组,每组准备一个碟子,几本可爱的便利贴,每人一支笔。

活动流程：

1. 每个人为组内成员存钱：在便利贴上写下感谢或欣赏对方的话语，并注明为对方存入情感账户的货币类型与金额，再将便利贴放入小组的碟子内，比如"感谢你今天安慰了我，存入感谢币50元""看到你今天特别积极地参与课堂，存入认真币80元"。

2. 组员间分享：组员轮流读出为谁存入了什么，收到存款的同学分享自己的感受。

弗洛姆说，爱的本质是给予，对所爱之人的积极关注，对精神需求、未来愿望的回应，肯定对方的独立性和个性。真正的爱不是迷恋，也不是控制，不是一味地占有，也不是疏离。真正的爱是一曲双人舞，你好我也好，彼此积极回应，相互尊重，互相理解和包容，亲密而有各自独立的空间，共同成长为更好的自己。对于大学生来说，遇到爱，就好好爱吧，同时，不要忘了，要以科学、健康、积极的心态对待爱情，坦然面对爱情中可能遇到的各种困难和挫折，而且爱情只是人生的一部分，学习、职业探索等也是大学生活的重要组成部分。

最后，用一首马克思写给妻子燕妮的诗歌结束本章："要知道，世界上唯有你对我是鼓舞的源泉，对我是天才的慰藉，对我是闪烁在灵魂深处的思想光辉，这一切，一切啊，都蕴藏在你的名字里。"

推 荐 书 目

1. 曹己未.马克思与燕妮让人动容的爱情故事[J].新湘评论,2019(8):48-49.
2. 查普曼.爱的五种语言:创造完美的两性沟通[M].王云良,陈曦,译.南昌:江西人民出版社,2010.
3. 罗伯特·J·斯腾伯格,凯琳·斯腾伯格.爱情心理学(最新版)[M].李朝旭,等译.北京:世界图书出版公司北京公司,2010.
4. 包华.大学爱情课[M].郑州:郑州大学出版社,2021.
5. 霍尼.爱情心理学[M].花火,编译.苏州:古吴轩出版社,2016.
6. 李建伟,等.大学生爱情心理学:理论、案例、测量[M].杭州:浙江工商大学出版社,2016.

第十一章　直面挫折,逆风飞翔
——大学生挫折应对与心理健康

巴尔扎克曾说过:"世上的事情,永远不是绝对的,结果完全因人而异。挫折,对于天才是一块垫脚石,对于能干的人是一笔财富,对于弱者是一个万丈深渊。"在当今快节奏的生活中,大学生难免会遇到各种各样的挫折。那么,我们该如何正确应对挫折,在逆风中展翅飞翔呢?

一、在挫折中前行——挫折应对概述

(一) 挫折的概念

挫折,在广义上,泛指一切能够引起人们精神紧张、造成疲劳和心理变化的刺激性生活事件;狭义上,指有目的的活动受到阻碍时产生的消极情绪反应。

挫折心理主要包含三个主要成分:挫折发生时的情境、对挫折的理解和认识、对待挫折的反应。其中,真正影响人们挫折感的因素是挫折认知。每个人对挫折的认知不同,由此产生的挫折感受也不同。此外,即使挫折情境发生,若当事人没有相应的挫折反应,就不能称为挫折。

因此,所谓"挫折",是指个体在实现目的过程中受到各种因素的阻碍,导致目的难以实现或实现困难,从而产生相应的情绪反应和行为反应的心理过程。我们可以把导致目的受阻的某种情境称为挫折,也可以把这种心理过程称为挫折。

(二) 影响挫折的心理因素

影响个体挫折感受的因素有很多,主要包括:

1. 动机强度

挫折产生与否和个体的需要、动机等因素密切相关。动机一旦产生,就会引导个体向着既定目标努力,最终可以达到自己的目标。当个体的行为受到干扰或障碍,使个体无法达到目标时,就会产生挫折感,从而感到沮丧、失意。

2. 自我期望值

期望与现实之间会有一定的差距,如果不从实际出发,只考虑主观愿望,人为制造两者之间的差距,就容易产生挫折感。常见的有期望值绝对化(只能成功,不能失败)、概括化(以偏概全)或无限夸大后果(一遇挫折,就难以自拔)等认知偏差。

3. 挫折容忍力

也叫做挫折耐受力,即对挫折的适应能力,是指受到挫折时避免行为失常的能力,通常与个体的胜利条件(疲惫、饥饿等)、过去经验(教育和训练等)和对挫折的知觉判断,以及人格特质有关。

(三) 挫折的反应类型

当个体遭遇挫折时,通常会出现两类主要的反应,分别为理智性反应和情绪性反应[①]。

[①] 李文霞,任占国,赵传兵.大学生心理健康教育[M].北京:北京师范大学出版社,2013.

1. 理智性反应

个体能够正确分析挫折产生的主客观原因,正视当前挫折情境,并采取积极的态度来应对挫折。例如,采用补偿的心理防御机制,根据实际情况重新制定新目标,以新目标的实现或新需求的满足来弥补原目标无法达成所造成的挫折。这种补偿行为可以使得人们暂时获得心理平衡和满足,有助于心理健康发展。此外,升华也是一种非常积极的行为反应,即用一种比较崇高的、具有创造性和建设性的目标来代替原有目标,以避免挫折造成的自尊心受挫,减少痛苦感受。例如,某位大学生因其貌不扬,在谈恋爱过程中遭遇挫折,后来他在学习和个人修养上下功夫,因能力出色、品行优秀而受到同学们的好评。

2. 情绪性反应

当个体遭遇挫折后,常常会表现紧张、愤怒、焦虑等带有强烈情绪色彩的情绪反应,这些情绪反应多为消极性的。首先最常见的情绪反应是攻击性行为,即在遭受挫折后,在愤怒情绪影响下,个体做出一系列报复性质的行为,可以是针对直接造成其挫折的人或物,也可以是转向攻击其他与挫折无关的对象。其次是退行行为,即在面临挫折时,个体无意识地表现出一种与其年龄、心智不相符的幼稚行为。例如,大学生考试失利后崩溃大哭,打电话给家长,哭着说要回家等。此外还有固执、逆反、冷漠、压抑、反向、合理化等行为反应。

延伸阅读

什么是逆商?

逆商(Adversity Quotient,AQ),也称逆境商数、挫折商或逆境商等。它是由美国职业训练师保罗·斯托茨(Paul Stoltz)最先提出的概念,指的是人们面对逆境、摆脱困境和超越困难的能力。美国经济学研究发现，在市场经济竞争日趋激烈的时代，创业成功与否，不仅取决于创业者是否有强烈的创业意识、娴熟的专业技能和卓越的管理才能，在更大程度上，还取决于其面对挫折时所具有的能力。逆商可以用于衡量个体超越挫折的能力，同样的打击，逆商高的个体所产生的挫折感更低，而逆商低的人就会产生更强烈的挫折感。

二、人生总有不如意——大学生常见挫折及成因

（一）大学生的六类主要挫折

经理论研究和分析调研数据，显示大学生常见挫折发生率从高到低排序依次是学业困难挫折、情感困扰挫折、就业选择挫折、环境适应挫折、人际交往挫折、经济压力挫折。

1. 学业困难挫折

学习是学生的天职。在大学里，学习成绩的好坏将影响学生的个人发展等多个方面，所以大学生在学业上的竞争非常激烈，这必然会导致他们产生较大的心理压力。尤其是，一些在高中时期名列前茅的优秀学生，入学初期由于对大学学习方式和学习内容不太适应，导致成绩不尽如人意，甚至第一次尝到考试不及格的滋味，与同学相比有点自惭形秽，自信心受到严重打击。这种情况如果不能及时得到改变，有些学生甚至面临"挂科"或退学的风险。

国内一项研究发现，大学生学业挫折感总体处于中等偏下水平，大学生抗挫折心理能力总分和各维度均与学业挫折感总分存在显著的负相关。[1] 成绩排名前 1/3 的大学生在学业挫折感总分

---

[1] 李馥荫,康憧翌,林宇君,等.大学生学业挫折感与抗挫折心理能力的相关研究[J].吉林省教育学院学报,2020(10):46-49.

上显著高于成绩排名后 2/3 的大学生。大学男生的学习适应挫折感得分均显著高于女生,而女生的学习自信挫折感得分均显著高于男生。工科学生的学习环境挫折感得分显著高于文理科学生,文科大学生学习适应挫折感得分高于理工科学生。非师范生的学习环境挫折感、学习自信心挫折感均高于师范生。

2. 情感困扰挫折

大学生基本已成年,青春懵懂,情感丰富,正处于社会化过程的特殊时期,受环境的影响和个人的情感需求,异常渴望拥有爱情。理想中的爱情是非常美好的,理想中的恋爱对象也都是看似完美的,但是现实的恋爱过程中会产生各种问题或困惑。理想与现实的反差,往往会导致大学生产生情感挫折。

3. 就业选择挫折

面临严峻的就业形势和竞争激烈的就业环境,很多大学生会产生就业选择的挫折感。由于缺乏社会生活经验,对未来的职业前景没有清晰的认识,很多大学生对毕业后的职业选择容易感到迷茫,对严峻的就业形势产生畏惧心理。面对求职、考研或出国等选项,不知道该如何选择。在毕业求职过程中,有的人盲目投简历,却屡遭应聘失利,导致悲观失落,倍感自卑;有的人择业期望过高,心态不能放平,导致方向迷失,不知如何抉择;也有的手拿多份工作机会,朝秦暮楚,刚工作没多久就屡屡跳槽……可见,就业选择过程中大学生需要面对诸多挫折与挑战。[①]

4. 环境适应挫折

心理学研究发现,当人们处于一个陌生的新环境时,会引起一系列生理和心理的反应。如果一个人无法适应这个新环境,长期

---

① 方鸿志,贾倩.大学生就业挫折心理的产生及应对措施[J].辽宁医学院学报(社会科学版),2015(1):60-63.

处于应激状态,会造成身体能量的过多消耗,免疫功能下降,出现头痛、失眠、消化不良、溃疡、全身无力、行为退缩、情绪低落、抑郁、自我防御等身心症状,这些就是环境适应不良的表现。经过一段时间对新环境的熟悉,压力会逐渐减弱,应激反应也会随之减弱或消失;若长期处于应激状态,将严重影响个体的身心健康,需要及早干预辅导。环境适应不良不仅是大一新生容易遭遇的主要挫折,少数高年级的大学生仍然无法很好地应对大学学习和生活情景,这主要是由他们对大学的原有认识与现实之间的偏差造成的。

5. 人际交往挫折

大学生普遍认为,人际交往能力是需要在大学发展的重要个人素养,也是未来取得事业成功的重要因素。他们渴望在大学期间拥有良好的人际关系,渴望得到别人的关注和认同。然而由于缺乏集体生活的经验,处理人际冲突或矛盾的方法技巧也有待提升,部分大学生在学习期间与寝室同学出现了这样那样的摩擦,有些甚至引发人际冲突,造成了比较严重的问题。也有的学生虽然渴望社交,但因为性格偏内向,不善与人沟通,无法与他人建立友情联系,感到十分孤独,人际交往受挫。

6. 经济压力挫折

大学生基本上属于"零收入"群体,日常生活需要依靠家庭资助。由于存在一定程度的家庭经济困难,部分贫困大学生感到自己在物质条件上与身边同学存在较大差距,往往对自己产生不合理的认知,自我价值感低,容易产生自卑,出现心理健康问题的比例明显高于非贫困生。[①] 受周围同学、朋友或网络购物营销的影响,年轻人普遍有较强烈的时尚消费需求,但捉襟见肘的支付能力

---

① 常敏.新时期贫困大学生挫折心理的引导[J].宁波职业技术学院学报,2011(4):53-55.

令他们常常感到苦恼。对于自尊心强的学生来说,经济不能自主导致他们产生一定的心理压力。而一部分自律性较差的学生,甚至会面临"入不敷出"的窘境,不得不拆东墙补西墙,甚至铤而走险涉足网贷,引发更严重的社会问题。

案例分析

我的未来在哪里?

小贾是一名大三学生。他的父母陆续下岗了,家庭经济收入骤减。为了供其读书,父母省吃俭用,生活十分拮据。父母把未来的希望全寄托在他身上,期望值很高。可是,最近他总是看不进书,坐在教室里东想西想,精神不能集中。他对自己的行为不满意,感到很烦躁,非常担心自己这样下去学习成绩会下降。他尝试着改变自己,但不知从何做起,心情越来越坏,对任何事情都提不起兴趣。他平时不善交友,在班里没有什么特别要好的朋友,心情不好的时候也找不到人倾诉。还有一年就要毕业了,他没想过毕业后找工作的事情,唯一的目标就是考研。对于未来,他感到有点茫然……

请你分析一下,大学生小贾目前面临着哪些主要挫折?

(二) 大学生挫折心理分析

虽然每个大学生经历的挫折情境各不相同,但分析挫折背后的心理原因,主要有三个方面。

1. 自我需求与现实条件不相符合

许多大学生在进入大学之前,对大学生活充满了各种各样美好的憧憬,在脑海里勾画了一副美好的生活画卷:无拘无束的生活,自由的学习空间,丰富多彩的课余生活,少男少女的浪漫情怀……当真正进入大学学习后,很多人发现,现实与想象有一定的落差。有的学生渴望在象牙塔里体验精神交流的自由与愉悦,却发现整天宿舍、食堂两点一线,忙于应付各种考试;有的学生努力学习,希望获得更多展示自我价值的机会,却在激烈的竞争中败下阵来,甚至开始怀疑自己;有的学生渴望建立亲密关系,寻求友谊和爱情,却在人际交往中处处碰壁,只能对着别人"羡慕嫉妒恨"。当内心的需求无法在现实生活中得到充分的满足时,挫折就产生了。

2. 个性不完善、不成熟

心理学研究发现,不同的人格特征会使人对同一刺激源持完全不同的认知和评价,面对类似的挫折,具有某些人格特征的个体能有效解决,而具有另外一些人格特征的个体却难以应付,产生较严重的挫折感。可见,抗挫折能力是人格结构中的重要因素,人格特质在抗挫折心理能力与挫折感间起到中介作用。[①] 由于个人的理想抱负水平、神经类型的差异,不同大学生感受挫折和应对挫折的程度也不同。大学生是最富有活力的群体,他们兴趣广泛,勇于探索,富于创造,争强好胜。但同时,处于青春后期到成年早期的年轻人,他们的人格还处于发展过程中,表现为有时情绪不稳定,容易偏激,缺乏刻苦努力精神,耐力不强。这种不完善的个性是形成挫折心理的温床。

3. 缺乏大学生抗挫折能力教育

无论是学生本人,还是他们的父母,以及大学老师、辅导员等,普遍关注更多的是大学生在校期间的学业情况,如专业知识技能、社会实践能力、职业发展潜力等,但是往往会忽略他们的心理健康

---

① 许可嘉,李炳全.大学生抗挫折心理能力与挫折感关系:人格特质的中介作用[J].肇庆学院学报,2014(1):71-75.

状况。有些时候,家长和老师可能没有发现学生遭遇挫折情境,无法及时给予关爱和支持,使得学生深陷其中,孤立无援。即使能够获得身边的家人、同学、老师的帮助,通常给予他们的也主要是解决现实困难的具体帮助,很少涉及挫折心理辅导的精神支持,更缺乏来自学校教育的抗挫折能力培养。这样,就无法让他们在未来的生活中更好地自我调节,避免经历类似挫折,提升心理健康水平。

延伸阅读

影响大学生抗挫折能力的因素

抗挫折能力是指个体遭受挫折情境时,能否经得起打击和压力,有无摆脱和排解困境,使自己避免心理与行为失常的一种耐受能力,亦即个体认知挫折、抵抗挫折和应付挫折的一种能力。抗挫折能力就是人们通过外界干预或者自身努力能够使自身跨越阻碍摆脱困境的能力。针对大学生这一特定群体,影响其抗挫折能力的有5个因素、11个要素。

1. 自身素质禀赋因素:包含性格特质、人际交往能力和知识技能这三个要素。
2. 社会环境系统因素:包含经济环境和媒体资源两个要素。
3. 家庭支持系统因素:包含家庭帮扶和教养模式两个要素。
4. 成长经历体验因素:包含生活磨砺和学校成长经历两个要素。
5. 学校培养模式因素:包含学校挫折教育模式和校园氛围营造两个要素。

三、踏平坎坷成大道——大学生应对挫折的方式方法

大学生面临着角色转换、社会适应、自我意识确立等心理成长

压力,而大学时期又是青年人心理成熟、社会情感成熟的重要时期,也是情绪丰富多变、相对不稳定的时期,有时候看似不是很大的事却能掀起巨浪。那么大学生应如何应对挫折呢?

(一) 形成对挫折的正确态度

人的一生大多避免不了逆境。当困难、不幸、打击降临到一个人的身上时,该怎么办?唉声叹气是一种态度,悲观失望也是一种态度,怨天尤人又是另一种态度。这些态度是消极的,除了能暂时排解情绪,对应对挫折并没有实质性的作用。但如果我们换一种角度看挫折,把它们视为成功路上必不可少的历练,在挫折中看清自身存在的不足,从战胜困难中体会到自我成长的力量,用"风雨过后见彩虹"的积极心态来看待失败,就有勇气挑战更多未知的困难,成为更好的自己。大学生面对挫折和失意,不应一味找寻精神上的"避难所",追求超世脱俗的世外桃源,而要努力克服"遁世—逃避"的心理意识和"形如槁木,心如死灰"的灰色情绪,以火一般的热情投身大学生活。

其次,学会正确地挫折归因。每个大学生,由于个性和生活经历不同,对同样的挫折可能会产生不同的归因。有的人把学习上的成败归因为自己的能力高低,有的人归因为自己努力与否,也有的人归因为考试难易或运气好坏,等等。积极应对挫折,就要引导学生对挫折进行正确的归因,使得他们更多地将挫折归因为外在、偶然的因素,而不是内在、稳定的特质,即不以一次失败否定自身能力,朝向更有利于发扬个人成绩、总结经验、增强自信的积极方向,提高自我效能感。

此外,面对挫折也要懂得释怀。遭遇挫折时,我们既要学会调整自己,努力去战胜它,也要学会释怀,不要耿耿于怀。如果我们内心总是放不下遭遇的挫折,整日纠结这件事情,会很容易让我们美好的大学时光被打击和摧毁。因此,在对待挫折的问题上,除了要重视怎么解决它之外,我们还要学会重新认识它,不让它影响你的生活,控制你的人生。

(二) 培养良好的意志品质

耐挫力,指的是每个人对挫折的耐受程度。同一个挫折情境,不同的人有不同的认识,就会产生不同的挫折反应。有的人反应微弱,有的人则会引起强烈的反应。有的人可以承受巨大的痛苦和打击,有的人因一点点小挫折就被击垮了。每个人对挫折的耐受程度,即耐挫力。它是一项十分重要的个人意志品质。意志坚强的人,他们的耐挫力就较强;反之,意志薄弱的人,耐挫力亦较弱。

对大学生的心理健康教育,应着力培养大学生良好的意志品质。可以开展理想信念教育,鼓励学生树立远大志向。只有树立远大的志向,才能激发出奋斗的热情,无惧重重障碍,为实现自己的志向而奋斗。可以启发学生从小事做起,在日常学习、工作和生活实践中逐步培养耐挫力。从那些自己最容易忽略也最容易暴露自己意志弱点的小事做起,如每天记日记、背诵英语单词、坚持早睡早起等,久之,就能逐步培养起顽强的意志。

(三) 开展耐挫折教育与心理辅导

在大学思政课基础上,开展大学生耐受挫折的专题教育。矫正大学生的"挫折心理",应当成为当前高校思想政治工作的一项重要内容,并予以高度重视。[①] 可以在历史教育中渗透耐挫折教

---

① 陈成文.论大学生的"挫折心理"与高校思想政治工作[J].探索,2000(4):74-76.

育,引导学生阅读近现代史,从中华民族的伟大抗争中汲取不惧困难、愈挫愈勇、发奋图强的民族精神。可以利用身边人的案例进行耐挫折教育,使学生们懂得动机与目标、能力与期望永远存在差距,任何时候都要做好失败的心理准备,做到宠辱不惊,成败坦然,将成功和失败都作为新的起点。还可以结合社会实践活动,开展耐挫折教育。给大学生创设一些接触社会、接触实践和人际交往的环境和条件,克服"为了怕出事而尽量少开展活动"的心态,防止象牙塔里封闭单纯的生活造成大学生社交退缩,无法承受来自社会的压力,缩短毕业后的社会适应期,提高耐挫力。

大学心理辅导教师也可以通过开展团体心理辅导的方式,借助心理游戏,创设一定的挫折情境,让学生们体验失败心理,学会如何正确面对挫折,并掌握有效的心理调节方法技巧,提高心理耐挫能力。也可以通过一定的心理训练,磨炼他们的意志,培养越挫越勇的韧劲。[1]

课堂活动

心理游戏:穿越"电网"

游戏目的:让大学生在团体游戏中,体验团队协作,朝着一个目标不懈探索与尝试,从挫折和失败中总结经验,培养越挫越勇的韧劲,从而取得最终的成功。

游戏准备:

① 将所有学生分成若干小组,每组10人左右。

② 在室外相对开阔场地上进行。

③ 准备结实的长绳、报纸若干,以及防护用的软垫。

---

[1] 惠淑英.你就是心理师——部队心理服务工作宝典[M].北京:军事科学出版社,2013.

④ 游戏时间约 30~50 分钟。

操作步骤：

① 将长绳的两端系在 2 米高的栏杆上，在长绳上贴上用报纸剪成的"闪电"形状标识。

② 每组学生要从"电网"的上端(也就是绳子上面)依次穿越到另一侧的安全地带。

③ 在穿越的过程中，学生身体的任何部位均不得触碰电网；如果不慎触碰到"电网"，则必须重来一次。

④ 可以借助同组其他人的身体，但不可借助其他任何工具。

⑤ 小组内所有学生全部顺利通过"电网"，即算成功。

⑥ 游戏结束后，教师组织学员开展讨论。提问：在游戏过程中，各小组分别遇到了什么困难，又是如何克服的？学生分享活动体会。

⑦ 教师对整个活动进行点评，让学生们认识到成功并非一帆风顺，有的目标即使付出了艰辛的努力，也难免会失败。在生活中，我们要重在体验付出的过程，从失败中总结经验，逐渐提升自己的耐挫力。

注意事项：

① 此活动具有一定的危险性，应做好保护措施，在"电网"下方铺设防护软垫，避免学生受伤。

② 可以根据实际情况适当地调整"电网"的高度，让学生既感觉有难度，又不会无法完成。

③ 各小组可以推选出本组的团队领导，组织指挥整个团队，确保活动有条不紊地展开。

④ 本游戏有一定的难度，需要学生细心体会失败或成功时的感受，从失败中总结经验。

(四) 合理开展自我心理疏导

要想战胜成长路上的困难,磨炼直面挫折的勇气和信心,关键还是要靠大学生自己。因此,大学生在获得社会支持和教育辅导的基础上,还应积极开展自我成长锻炼。当在生活中遭遇种种挫折,出现消极情绪后,大学生可以积极运用各种心理疏导方法,开展心理疏导。

1. 宣泄法

不愉快的情绪是不可避免的,采取适当方法加以宣泄可以释放心中的郁积,有利于身心健康。宣泄法就是利用和创造条件、情境,以合理的方式把不良的情绪倾诉和表达出来。[①] 宣泄法有直接宣泄和间接宣泄两种。直接宣泄是直接针对引发情绪的刺激来表达情绪,如当与同学闹了矛盾之后,心里很难受,不妨去开诚布公地与对方交换意见,消除误会,不良情绪就会随之释放出来。间接宣泄是不把发泄的对象指向引发情绪的人或事物,而通过间接途径使不良情绪释放出来,如对知心朋友诉说、写日记、大哭一场或者大声唱歌、剧烈运动等都是间接宣泄的好方法。

2. 分散转移注意力法

有时候,不良情绪不太强烈,甚至有时找不到明确的诱发原因,但是它却弥漫在几乎所有的活动当中,表现为一种混杂的焦虑心境,时间一长,也会令人感到难以忍受。针对这种情况,最好的选择是不再关注自己的心情,做自己该做或喜欢做的事情,如学习、工作、娱乐、社交、运动、生活琐事等。目的是转移注意力,不让自己有空闲去想不愉快的事情。

---

① 惠淑英.你就是心理师——部队心理服务工作宝典[M].北京:军事科学出版社,2013.

3. 心理防御机制法

心理防御机制是人在面对挫折时自发产生的心理反应,它能帮助人们暂时地缓解不良情绪,因此有意识地运用心理防御机制,可以进行积极的自我心理调节,从而消除不良情绪。常见的心理防御机制有：退行、幻想、否定、认同、压抑、升华、反向等。

4. 自我暗示法

积极的自我暗示,常常具有意想不到的效果。自我暗示方法很多,常用的有利用语言的自我暗示、利用环境的自我暗示、利用动作的自我暗示、利用自我"包装"的自我暗示、利用心理图像的自我暗示等。如学生可以通过抄录、朗诵自我激励的句子,来振奋和控制自己的情绪；心情烦躁时,可以多听听舒缓的音乐；紧张不安时,可以扩胸做深呼吸来安定情绪；当学生身处逆境、信心动摇时,可以想象成功人士艰苦奋斗的情景；还可以根据自己的需要创造有激励作用的心理图像,在内心反复观看。

5. 表情调节法

通过改变外部表情相应地改变内部的情绪。情绪的产生,一方面能够引起一系列生理过程的变化,另一方面也能引起面部和体态等外部的变化。如当学生兴高采烈时便会手舞足蹈、满面笑容；当学生心情沉重时会垂头丧气、肌肉松弛无力。既然内部情绪与外部表情有着如此密切的联系,那么,通过外部表情的有意识改变就能够起到调节情绪的作用。

6. 自我放松法

按一定的练习程序,学习有意识地控制或调节自身的心理生理活动,使身心放松以缓解焦虑。自我放松法包括呼吸放松法、肌肉放松法、想象放松法、自主训练法。学生在考试之前、出场表演之前、当众讲演之前、面试之前、参加体育竞赛之前,都可以用深呼吸法来调整身心状态,减轻紧张情绪。肌肉放松法经常用于对抗紧张、恐惧、焦虑等情绪。利用想象也就可以调节学生的情绪。首先想一想自己最喜欢的、最放松的,能让自己心旷神怡、无拘无束的情境是怎样的。然后,以舒服的姿势或坐或躺,闭上眼睛,在脑海中想象自己正置身于以上环境当中,细细体验身体和心情的轻松、舒适、愉快、平静。自主训练是在指导语的暗示下,自己去体验沉重感、温暖感、缓慢感、舒适感等感觉。

7. 系统脱敏法

采用系统脱敏法克服焦虑、恐怖等情绪,具体步骤如下:首先,列出引起焦虑反应的具体刺激情境;其次,将各种焦虑情境按程度轻重,由弱到强排成"焦虑等级";再次,按照放松训练的方法,学会一种与焦虑反应相对立的松弛反应;最后,将松弛反应逐步地、有系统地同焦虑反应予以匹配,通过两种反应的对抗作用,最终使松弛反应彻底抑制焦虑反应,达到脱敏的目的。

― 课 堂 活 动 ―

自测:大学生受挫弹性自我检测量表[①]

指导语:每个人的生活中会不同程度地受到挫折,人们在受挫后恢复的能力却各不相同。有的人受挫后一蹶不振,有的人很快从挫折中恢复过来,而大多数人则介于两者之间。请你认真回答以下问题,"同意"用"√"表示,"不同意"用"×"表示。

1. 胜利就是一切。

---

① 资料来源:https://www.docin.com/p-1524433001.html。

2. 我基本上是个幸运儿。

3. 白天工作不顺利,会影响我整晚的心境。

4. 一个连续两年都名列最后的球队,应退出比赛。

5. 我喜欢雨天,因为雨后常是阳关普照。

6. 如果某人擅自动用我的东西,我会生气上一段时间。

7. 汽车经过时溅了我一身泥水,我生一会儿气便算了。

8. 只要我继续努力,我便会得到应有的报偿。

9. 如果有感冒流行,我常是第一个被感染的人。

10. 如果不是因几次霉运,我一定比现在更有成就。

11. 失败并不可耻。

12. 我是有自信心的人。

13. 落在最后,常叫人提不起竞争心。

14. 我喜欢冒险。

15. 假期过后,我需要舒散一天才能恢复常态。

16. 遭遇到的每一次否定都使我更进一步接近肯定。

17. 我想我一定受不了被解雇的羞辱。

18. 如果向我所爱的人求婚被拒绝,我一定会精神崩溃。

19. 我总是不忘过去的错误。

20. 我的生活中,常有些令人沮丧气馁的日子。

21. 负债累累的光景叫我寒心。

22. 我觉得要建立新的人际关系相当容易。

23. 如果周末不愉快,星期一便很难集中精力学习和工作。

24. 在我生命中,我已有过失败的教训。

25. 我对侮辱很在意。

26. 如果应聘职务失败,我会愿意再尝试。

27. 遗失了钥匙会叫我整个星期不安。

28. 我已达到能够不介意大多数事情的心态。

29. 想到可能无法完成某项重要事情,会使我不寒而栗。

30. 我很少为昨天发生的事情烦心。

31. 我不易心灰意冷。

32. 必须要有百分之五十以上的把握,我才敢冒险把时间投资在某件事上。

33. 命运对我不公平。

34. 我对他人的恨维持很久。

35. 聪明的人知道什么时候该放弃。

36. 偶尔做个败北者,我也能坦然接受。

37. 新闻报道中的大灾难,使我无法专心工作。

38. 任何一件事遭到否决,我都会寻求报复的机会。

评分规则:

1、3、4、6、9、10、15、17、18、19、20、21、23、24、25、27、28、29、32、33、34、35、36、37,以上题目若回答为"不同意",则得1分,反之则0分;其余题目若回答为"同意",则得1分,反之则0分。

计算个人总分。若总分低于10分,表示易被逆境或挫折左右,跌倒不容易站起来;11~25分,表示遇到挫折时,往往需要较长时间才能振作起来,但能找到一定的技巧和策略使自己获益;大于25分,则表示你应付逆境的心理弹性极佳,逆境虽然会让你受到伤害,但不会持续很久,这类人通常个性较为成熟,对生活充满热爱,纵然一时失败,也总能"东山再起"。

挫折,它是一只纸糊的老虎!你不能被它的表面吓到,每每遇到就心生恐惧、情绪消沉,这样只会让它变得更强大,牢牢占据你的生活。当代大学生应该摆正心态,遇到挫折,积极面对,把每一

次的不如意和失落当成是一次小小的磨炼。失败并不可怕,可怕的是当你失败了一次,就不敢再去尝试第二次、第三次,那样只会把问题搁置。只要你不怕失败,继续挑战,越挫越勇,不断努力尝试,最终一定能战胜"挫折"这只纸老虎。

第十二章 理性用网,远离网瘾
——大学生网络与心理健康

一、微时代——大学生网络心理概述

当前中国互联网产业迅猛发展,智能手机的普及及微信、微博等网络社交媒体平台大大方便了人们的日常生活。截至2022年6月,中国网民规模达10.51亿,互联网普及率达74.4%,使用手机上网的比例达99.6%。[①] 中国形成了全球最庞大的数字社会,其中大学生是这一数字社会的主力军。一项调查显示,9.6%的大学生每周上网时间平均为32小时,1.9%的大学生每周上网时间长达83小时,即每天有将近12小时在上网。有人把当下称为"微时代",指的是互联网与现实生活密切结合,成为大学生日常生活的必需品。同时,"微时代"也带来了"手机综合征""网络游戏成瘾""网络人际障碍"等大学生常见的网络心理问题,引发社会的普遍关注。[②]

[①] 中华人民共和国中央人民政府.我国网民规模达10.51亿[EB/OL].http://www.gov.cn/xinwen/2022-08/31/content_5707605.htm.

[②] 杨娟,李国燕."微时代"背景下大学生网络心理问题及对策研究[J].科教文汇(中旬刊),2020(8):155-156.

（一）互联网生活对大学生心理健康的积极影响

互联网改变了大学生的学习、生活方式，影响了大学生的人际交往模式，为大学生社会化提供了一个"虚拟现实"，产生了很多积极的影响。

一项关于大学生网络使用的调查发现，有63.9%的上网大学生认为网络对自己学习影响最大的是增加了学习资料的来源，36.5%的人认为网络改变了自己的学习方式，36.8%的人认为网络让他们获得了许多生活知识，33.2%的人则认为网络拓展了自己的业余生活。网络信息的丰富性、娱乐性、时尚性，在满足了大学生对感知体验、寻求刺激、放松娱乐的需求的同时，也改变着他们的自我认识。通过对虚拟世界中社会角色的认知体验，大学生对现实世界中的责任义务有了新的思考，体验了内心的冲突，加深了对社会和他人的认识。

网络虚拟环境的匿名性、不可见、文本交流、非及时性、随时可离开、物理距离等特性，使得人们呈现出不同于面对面现实情境中的自我表露形式，因此人们更愿意向陌生人表露自己的情绪情感，更快建立新的亲密关系，满足深层次心理需要。有研究发现，63%的人在互联网聊天中可以获得某种形式的情感支持，而且随着互联网使用时间的增加，人们感觉获得或给予的情感支持也随之增加，这对个体心理健康具有一定的积极作用。

网络不断扩展人们的交往范围，微信、QQ、微博、论坛等成为大学生向他人表露自己内心的情绪情感体验或态度观点的重要方式。网络的交互性特点，可以使人们同时与身处不同空间的更多人进行交流；网络的实时性，又使人可以在瞬间与他人实现交流互动，满足了人们被关注、被爱、友情、群体归属、自尊、成就感和自我实现等需求。

(二) 互联网生活对大学生心理健康的消极影响

随着互联网普及率的提升,互联网对人们生活的影响也日渐深入,同时也产生了一些消极的不良影响。网络对大学生的心理健康造成的不良影响主要有以下几方面。

1. 低头一族

互联网时代,网络打破了人们交往的时空限制,以互联网为媒介建立的网络关系已成为现代社会交往的一种模式。大学生花费大量时间在网络中与陌生人交流,有时甚至忽略了与周围人在现实生活中的日常交往,人际关系疏离。"低头族的冷漠""自闭的网络达人",这些都是网络社交导致的现实人际交往问题。有调查发现,有22.6%的大学生认为网络对当前生活的主要影响是改变了自己的人际交往模式。

2. 思维碎片化

"微时代"网络信息传播速度快,信息量大,质量良莠不齐,长时间使用网络会使大学生的判断力、想象力、思维能力、阅读能力和获取信息的能力受影响,独立思考的能力下降,容易盲从,思维呈碎片化和片面化发展。

3. 情感空虚

网络和现实的界限变得越来越模糊,使大学生丧失了现实感,造成自我意识模糊。有心理学研究发现,在网络人际交往中,人们更倾向于用理想化、期望的好朋友的特点来呈现自我,为使网络交往对象对自己有更好的印象。网络亲密关系存在较少的卷入水平和更多的误解,不利于建立真诚、亲密和稳定的人际关系,若长期沉浸其中可能会对之后的现实交往产生负面影响。频繁的网络使用造成大学生情绪低落、空虚、焦虑、愉悦感淡化,容易被虚拟的网络信息左右情绪,习惯于在网络中宣泄负面情绪,甚至产生报复情绪,在网络上制造混乱,传播不当言论,对他人进行网络人身攻击等。

4. 网络成瘾

大学生频繁地使用手机软件或网络平台,不停刷新朋友圈和微博,占用了大量的时间,若不加以限制,很容易形成网络依赖。在面临现实生活中的压力时,有的人用网络来逃避现实,麻痹自我,产生网络成瘾,对正常的学习与生活造成严重影响。国内研究表明,高校中的大学生群体是网络成瘾的易感者。大学生中网络成瘾的发生率约为 8%～13%,在游戏和交友上的成瘾者人数显著高于非成瘾者人数。①

5. 网络犯罪

在虚拟网络中,由于缺乏道德方面的约束,有的人自主性和自律性不足,因现实生活受挫而到网络空间中宣泄不满情绪,做出触犯法律的违法行为,甚至走向犯罪。有的大学生出于好奇心理,尝试进行"黑客"行为,通过不正当手段擅闯企业、机关等的系统,实施攻击,制造并通过网络传播计算机病毒,造谣惑众,甚至盗取国家机密。

二、健康用网——大学生网络成瘾行为分析

"网络成瘾"最早是由美国精神病学家伊万·戈登伯格(Ivan Goldberg)在 1994 年提出的。1999 年,美国心理学会的调查显

---

① 陈秀清,胡平贵.大学生网络依赖行为与心理健康研究[M].长春:吉林大学出版社,2016.

示,约有6%的网民具有不同程度的上网问题。一项关于北京大学生的调查结果表明,网络成瘾大学生的比例达6.4%。王树华对大学生网络心理的研究指出,网络成瘾的学生占1.2%,具有网络依赖的学生占8%左右,男生的网络依赖程度显著高于女生,且大学生的网络依赖程度随着年级的增长而增长。[①] 当前网络成瘾已经越来越成为影响大学生心理健康的重要问题,值得关注。

(一) 网络成瘾的诊断

1996年,匹兹堡大学心理学教授金伯利·扬(Kimerly Young)根据病理性赌博的特征,提出了网络成瘾的判断标准,认为只要符合5条或5条以上,即可被判定为网络成瘾:

1. 感到关注网络(考虑以前网上的活动,或期待下次上网);
2. 感到为了达到满足需要增加使用网络的时间;
3. 反复努力控制、减少或停止网络使用但不成功;
4. 试图减少或停止网络使用时,会感到坐立不安、闷闷不乐、抑郁或好发火;
5. 待在网上的时间比原来打算的要长;
6. 因为网络而损害了或危及重要的关系、工作、教育或职业生涯;
7. 向家人、治疗师或其他人隐瞒陷入网络的程度;
8. 把网络用来作为逃避问题或缓解二类心境的一种方式(如感到无助、内疚、焦虑、抑郁等)。

---

① 王树华.大学生网络依赖心理分析[J].今日科苑,2007(14):203-204.

2008年,北京军区总医院牵头制定《网络成瘾诊断标准》,提出网络成瘾的病程标准为:平均每日连续上网达到或超过6小时,且符合症状标准达到或超过4个月。具体的网络成瘾的标准为[①]:

1. 对网络的使用有强烈的渴求或冲动感。

2. 减少或停止上网时会出现周身不适、烦躁、易激惹、注意力不集中、睡眠障碍等戒断反应;上述戒断反应可通过使用其他类似的电子媒介来缓解。

3. 下述5条内至少符合1条:

(1) 为达到满足感而不断增加使用网络的时间和投入的程度;

(2) 使用网络的开始、结束及持续时间难以控制,经多次努力后均未成功;

(3) 固执使用网络而不顾其明显的危害性后果,即使知道网络使用的危害仍难以停止;

(4) 因使用网络而减少或放弃了其他的兴趣、娱乐或社交活动;

(5) 将使用网络作为一种逃避问题或缓解不良情绪的途径。

(二) 网络成瘾的表现

大学生网络成瘾的主要表现为网络游戏成瘾、网络社交成瘾、网络色情成瘾、网络购物成瘾等。

1. 网络游戏成瘾

网络游戏是通过互联网传播和实现的互动游戏形式,具有沉

---

① 周晏.大学生网络心理研究[M].长春:吉林文史出版社,2009.

浸感、互动性和想象力。为了吸引游戏者,网络游戏通常背景宏大精美,故事充满曲折情节,人物设定细腻,给游戏者造成极大的视觉冲击和感官享受。游戏者可以从众多游戏设定中选择自己喜欢的角色、专业技能、武器装备等,还可以根据自己的喜好进行个性化设计,充分张扬个性。游戏情节紧张刺激,环环相扣,不断升级冲关,让人欲罢不能,让游戏者在挑战过程中,获得自我成就感的满足。网络游戏的匿名性和角色扮演,大大便利了虚拟游戏空间中的人际交往,游戏者常常因为出色的游戏成绩而收获游戏玩伴的友谊,获得了归属感的满足。正是由于网络游戏这种"虚拟人生"的特点,它对大学生们产生了致命的吸引力,使他们在网络游戏中产生了一种虚假的自我满足,成为逃避现实挫折的应对方式,深陷其中不能自拔。

2. 网络社交成瘾

人是一种社会性动物,人们依赖人与人之间的社会交往来形成群体。网络社交是人们基于网络通信技术,通过数字化信息进行的一种间接性人际交往活动,大大增进了人与人之间的信任和理解。网络社交具有匿名性、平等性、自由性、间接性、开放性等特点,使人们扩展了交往对象的范围,摆脱了空间时间和社会关系的制约,成为现实人际交往的有益补充。

大学生正处于成年早期,对人际交往,特别是异性交往的需要比较突出。然而,很多学生由于缺乏交往经验和技巧,性格比较内向,不善于在大学校园中开展人际交往活动。而网络社交的虚拟性和间接性则使得这部分大学生得以摆脱交往障碍,提供了与不同人交往的机会。此外,大学生思想活跃,渴望表达自己,愿意与他人交流情感和思想,获得精神上的共鸣,宣泄压抑的情绪等。网络人际交往给了他们一个理想的"精神家园",大学生由此成为网络社交活动最为活跃的社会群体之一。然而,少数大学生整日沉溺于虚拟世界中,脱离了与现实中周围人的人际交往,有的深陷"网恋"泥潭无法自拔,导致生活作息紊乱,学业荒废,身心健康遭受极大损伤。

3. 网络色情成瘾

网络在带给人们人际交往的诸多便利的同时,也隐藏着各种陷阱。很多不法网站利用大学生对浪漫爱情和性的好奇与渴望,披着网恋的伪装,诱使年轻人一步步落入网络色情的陷阱。众多色情网站以盈利为目的,利用各种色情制品(图片、音视频、文字等)引诱人们访问,进而开展色情聊天,甚至提供性交易等。大学生正处于性发育与性道德观念形成的关键时期,对网络色情缺乏一定的自制力,容易沉迷其中,终日浑浑噩噩,甚至误入歧途,成为网络色情的受害者。

4. 网络购物成瘾

随着手机支付的逐渐普及,网络购物大大方便了人们的生活,大学生群体也成为网购大军中的主力。网络购物本无可厚非,但成年早期的大学生经济能力有限,又缺乏一定的自制力,在享受网购带来的乐趣时,部分学生贪图物质享受,虚荣心作祟,毫无节制地买买买,最终入不敷出,拆东墙补西墙,甚至深陷网络套路贷而追悔莫及。

> **课堂活动**
>
> ### 自测:大学生网络行为调查表[①]
>
> 指导语:下面是一个关于上网行为的调查表,请结合你一年之内

---

① 资料来源:https://wenjuan.com/j/ZnMf6z/。

的实际情况,判断每一条陈述对你的符合程度。1＝完全不符合,2＝不太符合,3＝一般,4＝比较符合,5＝完全符合。

序号	题目	完全不符合	不太符合	一般	比较符合	完全符合
1	我发现自己花费越来越多的时间上网。	1	2	3	4	5
2	我的生活中没有网络就没有乐趣可言。	1	2	3	4	5
3	我平均每周上网的时间比以前增加许多。	1	2	3	4	5
4	我曾多次努力控制上网的时间,但都没有成功。	1	2	3	4	5
5	我内心对上网的需求在增加。	1	2	3	4	5
6	以前多次有人告诉我,我花了太多时间上网。	1	2	3	4	5
7	我会因为上网而导致睡眠的时间减少。	1	2	3	4	5
8	与现实中相比,我更愿意在网上结交新朋友。	1	2	3	4	5
9	我刚下线,就又想上网了。	1	2	3	4	5
10	有一段时间没有上网,我会觉得心里不舒服。	1	2	3	4	5
11	网络断线或连接不上时,我会坐立不安。	1	2	3	4	5
12	当有人打扰我上网时,我会发脾气。	1	2	3	4	5

续 表

序号	题目	完全不符合	不太符合	一般	比较符合	完全符合
13	为了能有更多时间上网,我会习惯减少睡眠时间。	1	2	3	4	5
14	下线后我会期盼尽快上网,体会上网带来的快感。	1	2	3	4	5
15	我感觉自己完全对网络着迷。	1	2	3	4	5
16	频繁上网致使我身体虚弱、精神萎靡。	1	2	3	4	5
17	我曾多次因为上网而睡不到四个小时。	1	2	3	4	5
18	由于上网,我忘记复习功课和做作业。	1	2	3	4	5
19	上网导致我减少了平时休闲活动的时间。	1	2	3	4	5
20	下线时,我仍然会想着网上的事情。	1	2	3	4	5
21	我较之前上网的时间越来越长了。	1	2	3	4	5
22	一段时间没上网,我会觉得自己好像错过了什么。	1	2	3	4	5
23	上网导致我腰酸背痛或有其他身体不适。	1	2	3	4	5
24	我会觉得没有网络的生活枯燥、空虚和无趣。	1	2	3	4	5
25	工作和学业的一些负面影响是因我上网造成的。	1	2	3	4	5

续表

序号	题 目	完全不符合	不太符合	一般	比较符合	完全符合
26	较从前必须花更多时间上网我才能获得满足感。	1	2	3	4	5
27	我不能控制自己上网的冲动。	1	2	3	4	5
28	每次我打算做其他事而下线,但又忍不住再上网。	1	2	3	4	5
29	我的学习受到上网时间太长的影响。	1	2	3	4	5
30	晚上睡觉时,我有时会梦到网上的内容。	1	2	3	4	5

(三) 网络成瘾的原因

关于大学生沉迷网络的原因,从心理学角度分析,主要存在以下几个方面。

1. 上网行为的心理强化机制

正强化机制是指刺激导致积极的行为后果,从而使该行为以后的发生频率增加。使用网络的过程给大学生带来良好的体验,网络独有的特性满足了大学生的多种心理需求,如情绪宣泄、人际交往、社会支持、归属感、自我实现等,因此上网行为得到了强化。当这些需求无法在现实生活中得到更充分的满足时,他们往往会沉浸在网络世界中,网络空间逐渐成为大学生活中必不可少的一部分。只有当现实生活中的其他活动能够替代上网行为,使上述这些需要得以满足,或者当网络成瘾严重影响大学生的正常学习和生活,给他们带来巨大的身心痛苦时,这种正强化效果逐渐消失,他们才会渐渐地远离网络世界,回归正常的生活状态。

2. 大学环境中的朋辈影响

大学生对互联网的使用率在所有人群中居于首位,这还与大学这个特殊的环境密不可分。大学校园文化活动氛围浓厚,大学生思维活跃,对新鲜事物充满好奇和热情,喜欢追逐时尚和流行,永远走在时代的浪尖上。作为"网生一代",对他们而言,互联网扮演着重要的角色:娱乐、沟通工具、信息渠道、生活助手等。受周围同学、朋友的影响,很多人觉得如果没有使用最新的APP,没有玩过最新的网络游戏,不会使用网络新功能,不知道网上最新最热门的事件,就会出现信息焦虑感,怕被其他同学嘲笑或排斥,怕跟不上时代的脚步,因此就把越来越多的时间投入网络中去。

3. 个性特征差异

并非所有喜欢上网的大学生最终都会成为网络依赖者,有的人问题严重一些,有的人则不会,这与学生个体的性格差异有关。例如,性格较为内向、不喜欢主动社交、以自我为中心的学生,往往容易沉迷网络社交或网络游戏。一些性格比较偏激、不善于处理同学之间矛盾、环境适应能力较差的同学,更多地喜欢长时间地浏览网络信息,在网络上宣泄情绪,与网友交流互动。少部分同学自我调适能力较差,意志力薄弱,自控能力不强,往往容易沉迷于网络游戏、网络色情等。因此,教师应依据大学生的个体特征差异,有针对性地开展网络心理健康教育。

4. 低自尊水平

国内外许多相关研究表明,网络成瘾群体与正常群体在自尊水平上存在显著差异。例如,陈军关于大学生网络依赖现状调查及影响因素分析的研究表明,网络依赖倾向组和非网络依赖组之间,在自尊因素上的差异达到显著水平。余强关于青少年学生网络游戏成瘾影响因素的研究表明,个体的自尊水平越低,网络游戏的倾向就越高,越容易出现上网时间失控、产生逃避情绪及强迫行为,出现网络游戏成瘾行为的可能性越高。其他研究也发现,自尊水平越低,人们使用网络上传下载、信息查询、论坛发表观点、获取信息的动机与自尊呈显著正相关,通过网络与陌生人进行互动的频率与自尊呈现显著负相关。[1]

5. 自我效能感

心理学家班杜拉提出了自我效能感的概念,即个人对自己完成某方面工作能力的主观评估。大学生的自我效能感与网络依赖之间也存在一定的联系。有研究者测量了大学生的一般自我效能,发现达到网络依赖水平的大学生在该项上的得分显著低于非依赖水平的大学生。有研究表明,大学生网络依赖与学业自我效能感存在极其显著的负相关,即效能感越低,网络成瘾的倾向性越高。他们对自己能成功完成某项任务并没有太多自信,故而对于摆脱网络成瘾行为也缺乏信心。因此,提高大学生的自我效能感,也是预防网络依赖的重要方面。

6. 归因方式与控制点

归因是人们阐释他人或自己行为原因的方式。海德(Fritz Heider)的归因理论认为,人们在归因时主要把原因分为两种,一是内部原因,如个人性格、能力、情绪、态度等,二是外部原因,如环境、天气、压力、客观条件等。根据不同的归因,罗特(Julian Rotter)提出了控制点概念,并据此把个体分为内控型和外控型,前者把成功归于一些内在原因(如努力程度),后者则习惯于将成功归功于外在因素(如运气)。网络依赖倾向性高的个体,更坚信

---

[1] 陈秀清,胡平贵.大学生网络依赖行为与心理健康研究[M].长春:吉林大学出版社,2016.

生活受到不可控制的力量支配,更相信生活中的许多事情由运气决定,这说明控制点对网络成瘾行为具有一定的预测作用。外控型大学生更容易受到网络依赖困扰,更难以控制网络成瘾行为的产生。

7. 网络自我表露需要

互联网社交打破了时空限制,不断扩展人们的交往范围,网络空间的自我表露越来越普及。大学生以互联网为媒介,借助网络文字或符号向他人表露自己内心的情绪情感体验或态度观点。不同于面对面的交流,网络自我表露的社会压力更小,人们的表达更直接和无所禁忌,更容易吐露个人内心的情感、隐私,甚至是长期隐藏于心的秘密。一项调查中,有63%的被调查者表示在网络聊天室中获得了某种形式的情感支持,而且随着使用互联网时间的增加,获得或给予的情感支持越多,网络自我表露也越来越多。肖恩等人在2002年的一项研究发现,网络自我表露可以显著降低个体的孤独和抑郁,且显著地提高自尊和社会支持觉知。[①] 可见大学生在网络社交中的自我表露满足了建立亲密关系、表达情绪情感、获得归属感等心理需要。然而一部分大学生感受到网络社交带来的快乐,长时间地沉浸于其中,渐渐与周边人的交往越来越少,反而不利于其心理健康。

三、远离网瘾——大学生网络心理健康与维护

(一) 网络成瘾的行为矫治方法

1. 时间管理术

时间管理术通过提高个体的自我效能感和给予适当的支持,

---

① 周林.网络自我表露心理——以大学生为例[M].上海:上海人民出版社,2018.

帮助个体发展一种积极的应对策略，以取代消极的成瘾行为。具体做法是：(1)打乱个体惯常的网络游戏时间，让其适应一种新的时间模式，从而打破其上网的习惯。(2)运用闹钟等外部手段，促使个体自觉准时下线，从而逐步减少上网时间。(3)设定合理的小步子目标，在小目标达成后，逐步提高目标难度。

2. 自我警示卡

网络成瘾（依赖）者往往会夸大面临的困难，并缩小克服困难的可能性。为了帮助网络依赖者将精力贯注在减轻和摆脱依赖行为的目标上，可以让他们分别用两张卡片，列出网络依赖行为导致的五个主要问题，以及摆脱网络依赖行为将会带来的五个主要好处，然后让他们随身携带这两张卡片，时时约束自己的行为。

3. 自我目录

让网络成瘾者列出自己形成网络依赖之后所忽略的每一项活动，并按照重要性进行排序。然后，让网络依赖者说出最重要的活动对其生活质量有何重要意义。这样的训练，可以让他们意识到自己以前的依赖行为与现实活动之间的差异，使其更多关注在真实生活中所体验到的满足感和愉悦感，从而降低他们从网络环境中寻求情感满足的内驱力。

4. 行为契约法

让网络成瘾者与家人或朋友共同制订行为契约，约定对网络使用的具体限制措施，如每天使用网络的时间不超过6小时，每周玩网络游戏次数不超过3次等。每天接受家人和朋友的监督，在表现符合契约时获得来自亲友的赞赏，在表现不佳时接受外界的约束或适当惩罚，以此来约束网络成瘾者的上网行为，使其回归健康理智。

5. 互助小组

让网络成瘾者参加以"健康用网、远离网瘾"为主题的互助小组,让具有相似背景的来访者分享自己的上网经历和网络依赖的心理体验,从他人成功的戒断经历中汲取行为改变的精神力量,在遇到挫折时互相支持,从而减少对网络的依赖。互助小组的指导教师还可以开展一系列团体心理辅导活动,提升小组成员心理健康水平,帮助他们更快获得行为改变。

课堂活动

制作你的行为警示卡

我在上网行为方面的主要问题	摆脱上网依赖能给我带来的好处
1. 2. 3. 4. 5.	1. 2. 3. 4. 5.

课堂活动

"理性用网,远离网瘾"团体辅导方案

序号	阶段	单元名称	活动目标	活动内容
1	开始阶段	网者相逢	1. 引发成员的兴趣,消除紧张情绪 2. 消除陌生感,增加成员间的互动 3. 建立团体规范,探索并交流成员对团体辅导的认识与期待 4. 评估成员需求,整合团体目标	1. 开场 2. 谁是最优秀的记者 3. 希望树 4. 结语

续 表

序号	阶段	单元名称	活动目标	活动内容
2	过渡阶段	E网情深	1. 增进成员间信任感，分析体验的必要性，感受帮助与关爱，理解信任的重要性 2. 分享触网感受及对网络的兴趣，使成员具有归属感	1. 活动回顾 2. 大风吹 3. 信任之旅 4. 车轮滚滚 5. 结语
3		网事如烟	1. 会议中分享团队的触网经历，从接触网络到现在的心路历程 2. 探讨自己在现实中和网络中的不同，客观评价网络双刃剑带来的利与弊	1. 活动回顾 2. 丑蛋变凤凰 3. 大画网事 4. 我是谁 5. 结语
4	工作阶段	上网因缘	1. 理解归因方式在我们行为中的作用 2. 学会合理归因，寻找自己网络使用行为的原因	1. 活动回顾 2. 归因理论 3. 我的网络因缘 4. 结语
5		我的情绪我做主	1. 认识情绪 2. 理解控制情绪的重要性 3. 学会调节、控制负面情绪的方法	1. 活动回顾 2. 我演你猜 3. 我说你听 4. 放松训练 5. 结语
6		网者归来	1. 理解网络自我效能感的不现实性 2. 提高现实自我效能感	1. 活动回顾 2. "杀人"游戏 3. 好汉也提当年勇 4. 优点轰炸 5. 结语

续表

序号	阶段	单元名称	活动目标	活动内容
7	工作阶段	E天一出谁与争锋	1. 成员全面认识自我 2. 提高成员自尊	1. 活动回顾 2. "我是值得被爱的" 3. 海上遇险 4. 优势取舍 5. 结语
8	结束阶段	网者之路	1. 回顾前面的活动,展望未来道路 2. 自我评估,处理离别情绪,结束活动	1. 活动回顾 2. 赠送祝福 3. 填写量表 4. 结语

延伸阅读

"理性用网,远离网瘾"团体辅导自我报告

学生A:我觉得这次团体辅导活动是从网络逐渐展开,然后不断认识自我、提高自我的过程,每一次培训都是在潜移默化中,指导老师引导我们更好地加深对自我的看法和认识。比如,印象最深的是那次在户外蒙住眼睛行走的活动,我就感到失去了光明。那我们还能怎么办?这时,在同伴的引导下,我体验到了信任。在生活中,我们怎么才能取得他人的信任是一个值得研究的问题。

学生B:回想一下,每一次的活动,看似只是一场游戏,却好像都折射出一些现实,并教给我一些处事态度。犹记得"大风吹"透露出的道理是:其实周围人和我们之间有很多共同点,要善于找出共同的话题,这对于交际面狭隘的人确实能带来很大的启示。

学生C:八次的团体辅导就要结束了,感觉过得好快。每次活动都让人有所获益,渐渐地,我不再排斥小组活动。在那儿,我不再被说

成孤僻,哪怕小小的参与也会让人很振奋。将自己的优缺点、性格、心事展示出来,小组共享,便成为一种娱乐中的学习,学习的同时还能增进同学之间的感情。

(二) 网络成瘾的心理干预

目前,对大学生网络成瘾问题的心理干预主要采用认知行为治疗方法。网络成瘾的产生过程中,个体会出现一些认知上的偏差或歪曲,因而改变认知性偏差可以使成瘾行为失去依存的基础,使治疗性改变得以产生并持续。然而,对于严重网络成瘾者而言,心理治疗的作用相对有限,他们往往会对心理咨询产生强烈抵触处情绪。

应该明确一点,确诊的网络成瘾属于精神疾病范畴,必须到专业的心理治疗机构或医院精神科进行治疗,在心理医生的指导下进行药物治疗,通过药物改善伴有的精神症状和躯体症状。千万不要盲目相信某些不具备相关资质的所谓"网瘾戒断训练营"或网瘾治疗专家的独门偏方,一定要去正规的心理治疗机构进行心理干预。通常情况下,心理治疗对网络成瘾可以起到治疗效果。

(三) 积极引导大学生上网行为

一项调查发现,约80%的大学生上网一般以玩游戏、听音乐、看电影和使用社交软件为主,只有47.6%的大学生用于看新闻、查资料。[①] 这表明大学生的上网动机普遍是以娱乐和社交为主,而

---

① 马蓓颖,等.网络生活化下的大学生网络心理健康现状分析及对策研究[J].理论观察,2015(5):155-156.

少数存在网络成瘾问题的大学生,其上网动机则是出现了明显的偏差,或热衷于游戏娱乐,或沉迷于色情赌博,或过度依赖网络社交,因此大学应适当开展大学生网络心理健康教育,引导他们确立正确积极的上网动机,使学生在享受网络带来的便利的同时,避免网上垃圾对心理的腐蚀作用和负面影响。① 高校应加强网络道德教育,鼓励文明用网,增强网络自律,防范网络依赖行为,保持身心健康,②还可以将新课程改革等新时代思想渗透在网络心理健康教育中,积极营造一种和谐、平等的教育关系。③

由于大学的管理相对宽松,学生拥有较多自由支配的时间,且远离父母约束,这些都使得大学生能够随时随地、无拘无束地享受网络。作为大学管理者,对于部分网络成瘾的学生,必须对其上网行为给予必要的约束,进行一定的网络使用条件限制。④ 如学校可以通过限制上网时间、限电等方式,来控制学生对网络的使用,对经常玩网络游戏、旷课、成绩下降的学生要保持密切关注,即时介入,必要时采用行为矫治。

此外,学校还应加强学生自我管理,构建以学生会、社团为主体的自我管理模式,通过组织和开展丰富多彩的大学生校园文化体育活动,将沉迷网络的学生吸引到室外和人群中去,让他们在线下活动中感受网络所无法替代的现实乐趣,主动减少上网时间和频率,避免过分依赖网络上的娱乐活动。

---

① 王浩,等.大学生网络心理健康教育需求及态度研究[J].高等建筑教育,2010,19(3):152-155.
② 孙莹.关于大学生网络心理健康教育研究[J].传播力研究,2020,4(18):183-184.
③ 郑若冉.新媒体环境下大学生网络心理健康教育策略分析[J].科技资讯,2019,17(30):176-177.
④ 田本滢.高职院校大学生网络心理健康教育途径[J].亚太教育,2019(11):49.

（四）加强大学生网络媒介素养教育

媒介素养是指人们正确地理解、建设性地利用大众传媒资源的能力。高校开展大学生网络媒介素养教育，可以帮助他们树立正确的网络伦理观念，培养他们健康的媒介选择能力，提高对网络信息价值的认知能力、判断能力、解读能力和筛选能力，认清网络媒介和网络信息对个体及社会的影响，增强网络交友能力，正确看待现实与虚拟的关系。

我国高校的媒介素养教育仍处于初级阶段，可以借鉴国外成功经验，在部分高校创设网络媒介素养相关的选修课程，或开设这方面的专题讲座，把网络媒介素养教育引入课堂，使学生了解科学用网的重要性，自觉抵制不健康的用网方式，提升网络道德水平和网络规则意识，远离网络成瘾。

参 考 文 献

[1] ASCH S E. Opinions and social pressure[J]. Scientific American, 1955, 193(5): 31-35.

[2] GARCIA, et al. Crowded minds: The implicit bystander effect[J]. Journal of Personality and Social Psychology, 2002, 83(4): 843-853.

[3] SOUSSIGNAN, R. Duchenne smile, emotional experience, and autonomic reactivity: A test of the facial feedback hypothesis[J]. Emotion, 2002, 2(1), 52-74.

[4] 孙文峰.作战单元组织心理健康评价体系与方法研究[D].西安:第四军医大学,2006.

[5] 艾略特·阿伦森,乔舒亚·阿伦森.社会性动物(第12版)[M].邢占军,黄立清,译.上海:华东师范大学出版社,2020.

[6] 迈尔斯.社会心理学:第11版[M].侯玉波,乐国安,张智勇,译.北京:人民邮电出版社,2014.

[7] 布莱.时间管理十堂课[M].陈琇玲,译.北京:机械工业出版社,2002.

[8] 琼斯.时间管理[M].杨合庆,译.北京:中国社会科学出版社,2001.

[9] 阎力.创造心理学[M].上海:华东师范大学出版社,2016.

[10] 希斯赞特米哈伊.创造力：心流与创新心理学[M].黄珏苹,译.杭州：浙江人民出版社,2015.

[11] 李经天.大学生创造能力的培养[J].江汉大学学报,2000,17(2)：85-87.

[12] 巴伦德斯.极简个性心理学：破解人格基因[M].黄珏苹,译.北京：中国人民大学出版社,2017.

[13] 宗敏,夏翠翠.大学生职业生涯规划[M].北京：人民邮电出版社,2018.

[14] 内特尔.人格：认识自己,做更好的你[M].舒琦,译.北京：中信出版集团,2020.

[15] 董德朋.大学生职业生涯发展阻隔的动态特征与对策[J].黑龙江科学,2018,9(4)：100-101.

[16] 鲍利斯.北京：你的降落伞是什么颜色？[M].李春雨,等译.北京：中国华侨出版社,2014.

[17] 王惠燕.大学生生涯阻隔与生涯信念的现状调查与研究——以杭州市某高校为例[J].浙江理工大学学报,2014,32(4)：141-145.

[18] 朱华珍.大学生职业生涯阻隔及其与应对方式、社会支持的相关分析[J].思想理论教育,2013(1)：79-82.

[19] 罗伯特·J·斯腾伯格,凯琳·斯腾伯格.爱情心理学（最新版）[M].李朝旭,等译.北京：世界图书出版公司北京公司,2010.

[20] 包华.大学爱情课[M].郑州：郑州大学出版社,2021.

[21] 霍尼.爱情心理学[M].花火,编译.苏州：古吴轩出版社,2016.

[22] 李建伟,等.大学生爱情心理学：理论、案例、测量[M].杭州：

浙江工商大学出版社,2016.

[23] 黄维仁.亲密之旅:爱家婚恋情商自我成长课程培训成长手册[M].北京:中国轻工业出版社,2012.

[24] 张瑞杰.大学生恋爱心理不成熟问题及对策研究[J].湖南工业职业技术学院学报,2016,16(3):62-65.

[25] 黄文胜.当代大学生爱情观教育的几点思考[J].中南林业科技大学学报(社会科学版),2012,6(6):183-186.

[26] 查普曼.爱的五种语言:创造完美的两性沟通[M].王云良,陈曦,译.南昌:江西人民出版社,2010.

[27] 阿内特.阿内特青少年心理学:第6版[M].郭书彩,刘丽红,胡紫薇,译.北京:人民邮电出版社,2021.

[28] 中国互联网信息中心.第48次中国互联网发展状况统计报告[R/OL].(2021-08-27).https://cnnic.cn/NMediaFile/old_attach/P020210915523670981527.pdf.

[29] 胡凯,等.大学生网络心理健康素质提升研究[M].北京:中国书籍出版社,2015.

[30] 马蓓颖,等.网络生活化下的大学生网络心理健康现状分析及对策研究[J].理论观察,2015(5):155-156.

[31] 郑若冉.新媒体环境下大学生网络心理健康教育策略分析[J].科技资讯,2019,17(30):176-155.